ELEMENTOS DE GEOLOGÍA
1º BACHILLERATO

1ª Edición: enero de 2008

Composición de portada: Lulu.com

Maquetación: Francisco José Martínez Ruiz

Ilustraciones: Francisco Jose Martinez Ruiz
David Fernández Domínguez

Editor: Lulu.com

Lulu Enterprises
26-28 Hammersmith Grove
London W6 7BA

www.lulu.com

ISBN: 978-1-84799-511-7

ELEMENTOS DE GEOLOGÍA

1º DE BACHILLERATO

María Mercedes Bautista Arnedo

Licenciada en Ciencias Biológicas

Profesora de Enseñanza Secundaria

INDICE DE CONTENIDOS

Capítulo I

1 EL PLANETA TIERRA

1.1 LA TIERRA Y SU ENTORNO ESPACIAL PRÓXIMO: EL SISTEMA SOLAR

A lo largo de la Historia de la Ciencia ha habido diferentes interpretaciones sobre la posición de la Tierra en el espacio. El sistema de las esferas homocéntricas adaptado e integrado por **Aristóteles** (384-322 aC) fue la cosmología más completa e influyente desarrollada en el mundo antiguo, el universo de las dos dos esferas. Las características básicas del sistema aristotélico, que perduraron hasta el siglo XVI, eran:

a) El cosmos estaba dividido en dos grandes zonas: el mundo celeste y el mundo terrestre, cada uno de los cuales debe tratarse por separado. El cielo, al ser perfecto, puede recibir un tratamiento matemático (la Astronomía), mientras que la Tierra, al ser imperfecta, debe ser estudiada sólo de forma cualitativa.

b) Era un sistema geocéntrico. La Tierra era el centro del Universo y todos los demás astros celestes giraban en órbitas concéntricas alrededor de la Tierra.

c) Los movimientos de los astros debían ser circulares. El mundo celeste, que como hemos dicho era perfecto, sólo podía tener un movimiento de tipo circular, ya que el círculo es la figura perfecta, no tiene principio ni fin, siendo equivalente en todos los puntos.

La creencia de que los desplazamientos alrededor de la Tierra debían consistir necesariamente en movimientos circulares o combinaciones de éstos, obligaban a utilizar modelos extraordinariamente complicados para justificar las posiciones que sucesivamente ocupaban los astros. **Aristarco** (siglo IV antes de Cristo) sugirió que el esquema se podía simplificar grandemente si se suponía al Sol situado en el centro del Universo, y la Tierra y la Luna y los demás planetas giraban alrededor de él (sistema heliocéntrico: Sol en el centro). La idea de Aristarco no era aceptada, entre otras razones porque se oponía a las teorías filosóficas de entonces, y **Ptolomeo**[1] elaboró una teoría geocéntrica modificada, que podía predecir la posición de los astros con gran precisión teniendo en cuenta los instrumentos de observación de su tiempo. Mientras que Platón y Aristóteles dan una cosmovisión del Universo, Ptolomeo es un empirista. Su trabajo consistió en estudiar la gran cantidad de datos existentes sobre el movimiento de los planetas con el fin de construir un modelo geométrico que explicase dichas posiciones en el pasado y fuese capaz de predecir sus posiciones futuras. En el sistema ptolemaico de astronomía, basado en un modelo geocéntrico los epiciclos (del griego, sobre el ciclo) era un modelo geométrico diseñado para explicar las variaciones de velocidad y dirección del movimiento aparente de la Luna, el Sol y los planetas (movimiento retrógrado[2]).

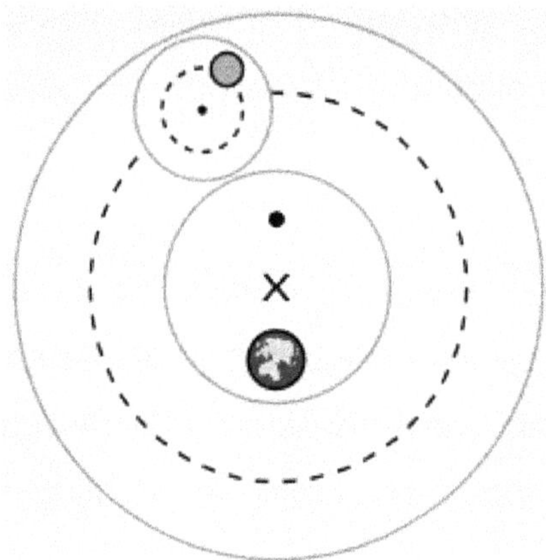

Ilustración 1. Elementos básicos del sistema planetario de Ptolomeo. El planeta se mueve sobre el epiciclo (línea de puntos pequeña), que a su vez se mueve sobre el deferente (línea de puntos grande). El centro del deferente es X, pero el movimiento angular del epiciclo es uniforme sólo respecto al punto · que es el equante.

La historia completa del heliocentrismo, de Copérnico, Galileo, Tycho y Kepler, es larga y llevaría a esta exposición muy lejos. **Copérnico** (1473-1543) propone una teoría alternativa al geocentrismo: la Tierra era un planeta girando alrededor del Sol y que todos los planetas se movían en círculos uno dentro del otro. **Galileo Galilei** (1564-1642) llevó al límite a la tecnología de los catalejos fabricados por los ópticos holandeses , ampliando su visión 8 veces y en el último instrumento hasta 33 veces.

---

[1] Nació en Egipto aproximadamente en el año 85 y murió en Alejandría en el año 165.

[2] El Sol y la Luna parecían moverse de una forma más o menos regular, a lo largo del zodiaco, avanzando siempre de oeste a este, pero los cinco planetas viajaban de una forma más irregular. Así el resto de los planetas se desplazan a lo largo del zodíaco de oeste a este, pero dicho movimiento se ve interrumpido durante breves intervalos por un movimiento retrógrado de este a oeste. El retroceso va precedido de una pérdida en la velocidad de avance hasta pararse (planeta estacionario); luego, retrocede hasta alcanzar otra vez una posición estacionaría y reemprende el movimiento normal de oeste a este.

Ese era el instrumento con el que Galileo efectúa sus revolucionarios descubrimientos en 1609-10. Observó la Luna y vio un mundo con montañas y "mares" y arriesgándose a la ceguera también observó las manchas solares. Cuando dirigió su telescopio hacia el planeta Júpiter, vio cuatro lunas orbitando a su alrededor, todas, prácticamente, en el mismo plano, cerca de la eclíptica, pareciéndose muchísimo a una versión en miniatura de la firma de sistema solar propuesto por Copérnico.

A la muerte de **Tycho Brahe** (en 1601), su discípulo **Kepler** (1571-1630) heredó las numerosas observaciones acumuladas durante varios años. Siguiendo las ideas de Copérnico, probó órbitas circulares para describir los datos observacionales, sin embargo no encajaban en absoluto. De esta manera existían dos posibilidades, o bien los datos obtenidos por Tycho eran erróneos, o las órbitas planetarias no eran círculos perfectos. Kepler se negó a pensar que Tycho se hubiera equivocado en sus mediciones debiendo dejar de lado la perfección del movimiento circular.

Kepler enunció tres leyes para explicar el movimiento de los planetas en sus órbitas alrededor del Sol. Aunque él no las enunció en el mismo orden, en la actualidad las leyes se numeran como sigue:

- **Primera Ley:** Todos los planetas se desplazan alrededor del Sol describiendo órbitas elípticas, estando el Sol situado en uno de los focos.

- **Segunda Ley o Ley de las Áreas:** El radio vector que une el planeta y el Sol barre áreas iguales en tiempos iguales. La ley de las áreas implica que cuando el planeta está más alejado del Sol (afelio) su velocidad es menor que cuando está más cercano al Sol (perihelio).

- **Tercera Ley:** Para cualquier planeta, el cuadrado de su período orbital (tiempo que tarda en dar una vuelta alrededor del Sol) es directamente proporcional al cubo de la distancia media con el Sol.

$$\frac{T^2}{R^3} = cte$$

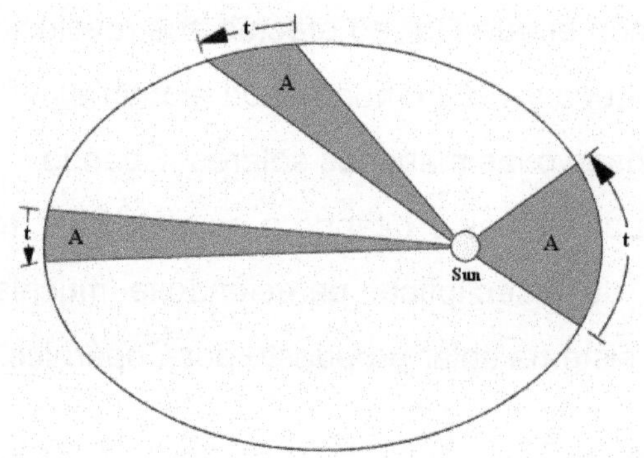

Ilustración 2. Esquema de la Segunda Ley de Kepler

1.1.1 Características del Sistema Solar

El Sistema Solar está formado por una estrella central, el Sol, los cuerpos que le acompañan y el espacio que queda entre ellos. El Sol contiene el 99.85 % de toda la materia en el Sistema Solar. Los planetas están condensados del mismo material del que está formado el Sol, contienen sólo el 0.135 % de la masa del sistema solar. Los satélites de los planetas, cometas, asteroides, meteoroides, y el medio interplanetario constituyen el restante 0.015 %.

Todos los planetas, excepto Plutón, se encuentran situados aproximadamente en el mismo plano y giran alrededor del Sol.

Podemos divididos en planetas interiores, también llamados terrestres, y planetas exteriores o gigantes. Entre estos últimos Júpiter y Saturno se denominan gigantes gaseosos mientras que Urano y Neptuno suelen nombrarse como gigantes helados. Todos los planetas gigantes tienen a su alrededor anillos.

- **Planetas interiores:** presentan un núcleo interno constituido por elementos químicos pesados, fundamentalmente Fe y Ni. Los planetas interiores presentan fenómenos de su corteza, como vulcanismo o erosión climática. La erosión atmosférica depende de la presencia de atmósfera. El único planeta que no presenta atmósfera es Mercurio. La presencia de atmósfera depende de la masa del planeta y de su atracción gravitatoria. Las atmósferas primigenias estaban constituidas por H y He, pero por defecto de la gravedad, los planetas perdieron estos elementos. Así, las atmósferas de hoy en día son debidas a otros efectos, como el vulcanismo de la corteza planetaria.

- **Planetas exteriores:** Son gaseosos y por tanto carecen de una corteza sólida. Se cree que tienen un núcleo interno rocoso, constituido por silicatos. Por encima del núcleo habría una capa de Hidrógeno líquido en la que la presión es muy alta. Este H se llama metálico. Los enormes campos magnéticos de estos planetas son provocados por esta capa de H metálico (y rápidos periodos de rotación). Por encima de dicha capa hay otra capa de H y He moleculares en estado líquido.

La Unión Astronómica Internacional en Agosto de 2006 (Praga) resuelve que un planeta es un cuerpo celeste que:

- está en órbita alrededor del Sol,
- tiene suficiente masa para que su propia gravedad supere las fuerzas de cuerpo rígido de manera que adquiera una equilibrio hidrostático (forma prácticamente redonda),
- ha limpiado la vecindad de su órbita (no es el caso de plutón),
- no es un satélite.

Los ocho planetas son: Mercurio, Venus, Tierra, Marte, Júpiter, Saturno, Urano y Neptuno. Plutón es un planeta enano y todos los otros objetos que orbitan al Sol se deben denominar colectivamente "Cuerpos Pequeños del Sistema Solar".

1.1.2 Origen del Sistema Solar

Teorías catastrofistas

El Sistema Solar había sido creado a partir de los restos de una colisión entre el Sol y un gran cuerpo celeste. El sol y otra estrella, por ejemplo, entraron en colisión, haciendo esto que se desprendiera la suficiente cantidad de materia para que diera luego origen a los planetas. Esta es la base de las teorías catastróficas, es decir, una gran colisión entre el sol y otro astro.

Todas las teorías catastrofistas implican que la materia con que se formaron los planetas estaba extraordinariamente caliente, ya que provenía directamente del Sol. Y por supuesto, estas teorías implican que el sol se formó primero que los planetas.

Teorías evolutivas o nebulares

Pierre Simon de Laplace (1749-1827) en su "teoría nebular" (Evolutiva o de acreción) de la formación del Sistema Solar nos cuenta cómo una nebulosa se contrajo bajo la influencia de su propia gravitación y su velocidad rotacional aumentó hasta que colapsó en un disco, en el cual se formarían los planetas. Esta teoría estaba en todo de acuerdo con la mecánica newtoniana. Sin embargo, dos grandes objeciones al modelo aparecieron a finales del siglo XIX. En primer lugar, **James Clarke Maxwell** (1831-1879) demostró que, según estaba establecido el modelo de Laplace, era difícil explicar la acreción de un planeta a partir de un anillo de planetoides.

Ideas actuales

Los astrónomos creen que el sistema solar se formó hace 4500 millones de años, a partir de una inmensa nube esférica de polvo y gas que giraba lentamente y que fue concentrándose por la fuerza de la gravedad. Las zonas centrales de la nube se contrajeron, girando a mayor velocidad que el resto, con lo que se hicieron más densas y calientes, hasta que la elevada densidad y la alta temperatura iniciaron reacciones de fusión entre núcleos de hidrógeno, dando lugar a helio. Esta fusión liberó tal cantidad de energía que dio lugar a la formación del Sol.

La idea general acerca de la formación del Sistema Solar, basadas en los modelos actuales sobre la evolución de los discos nebulares se dividen en dos grandes grupos:

1) **Modelo de nebulosa masiva** dónde se considera un disco de 1 masa solar (sin contar la estrella central). El viento solar barre una gran fracción de esa masa (85 %) en tan solo 100.000 años, mientras que el Sol acreta casi la totalidad restante. En este modelo, los planetas se pueden formar directamente a partir de la nebulosa gaseosa por inestabilidades gravitacionales.

2) **Modelo de nebulosa con baja masa**, en el que la masa del disco tras colapsar es de tan solo 0.01 masas solares. El disco después se enfría, el

polvo se acumula en el plano central y forman planetesimales de baja masa que se combinan posteriormente para dar lugar a cuerpos más masivos.

1.1.3 Características generales del planeta Tierra

El 71% de la superficie de la Tierra está cubierta de agua. Es el único planeta del sistema solar donde el agua puede existir permanentemente en estado líquido en la superficie. El agua ha sido esencial para la vida y ha formado un sistema de circulación y erosión único en el Sistema Solar.

La Tierra es el único de los cuerpos del Sistema Solar que presenta una tectónica de placas activa: Marte y Venus[3] quizás tuvieron una tectónica de placas en otros tiempos pero, en todo caso, se ha detenido. Esto, unido a la erosión y la actividad biológica, ha hecho que la superficie de la Tierra sea muy joven eliminando, por ejemplo, casi todos los restos de cráteres, que marcan muchas de las superficies del Sistema Solar.

La Tierra tiene una atmósfera compuesta en un 78 % de nitrógeno, 21 % de oxígeno molecular y 1% de argón, más trazas de otros gases como anhídrido carbónico y vapor de agua. La atmósfera actúa como una manta que deja entrar la radiación solar pero atrapa parte de la radiación terrestre (efecto invernadero). Gracias a ella la temperatura media de La Tierra es de unos 17 °C. La composición atmosférica de la Tierra es inestable y se mantiene por la biosfera.

El campo magnético de la Tierra es suficiente para filtrar el viento solar golpea la atmósfera. Por ejemplo en el caso de Venus su lenta rotación es insuficiente para formar el sistema de «dinamo interno» de hierro líquido. Como resultado de esto, el viento solar golpea implacablemente la atmósfera de Venus. Se supone que Venus tuvo originalmente tanta agua como la Tierra pero que, al estar sometida a la acción del Sol sin ningún filtro protector, el vapor de agua en la alta atmósfera se disocia en hidrógeno y oxígeno, escapando el hidrógeno al espacio por su baja masa molecular.

---

[3] Hoy en día se admite que Venus es un planeta activo, con un manto activo que justifica la abundancia de estructuras tectónicas y vulcanismo. Sin embargo, no existe evidencia de que haya una tectónica de placas como en la Tierra, posiblemente porque su litosfera es más plástica. Esto explicaría la distribución generalizada de deformaciones por todo el planeta.

1.2 EVOLUCIÓN DEL PLANETA TIERRA

1.2.1 Evolución de la geosfera

La Tierra primitiva surgió del proceso de acreción como un protoplaneta. Durante millones de años recibió el continuo impacto de planetesimales menores que ella. Al ser los choques tan numerosos, La Tierra se fundió por completo. Esta circunstancia permitió que los materiales terrestres se reordenaran en capas de acuerdo a con sus densidades (los más densos se desplazaron hacia el interior; los más ligeros hacia la superficie, y los gases desprendidos de las rocas fundidas formaron la atmósfera).

Cuando la tasa de colisiones disminuyó y la masa de magma que era la Tierra fue enfriándose, se formó una corteza primitiva que impidió la disipación brusca de la energía interna. En la actualidad, parte del calor interno de esa época todavía persiste en el interior de la Tierra.

Alrededor del 80 % de la energía que emite la Tierra en la actualidad procede de la actividad de algunos minerales que incluyen, en sus estructuras cristalinas, isótopos radiactivos.

1.2.2 Evolución de la atmósfera y la hidrosfera

La atmósfera[4] primigenia de la Tierra era muy diferente a la actual: grandes cantidades de nitrógeno, CO_2 y vapor de agua. El posterior enfriamiento general del planeta y el efecto de la radiación solar cambiaron la atmósfera primigenia, se forma la hidrosfera y se inicia la dinámica entre ambas capas. En este proceso cabe señalar los siguientes acontecimientos:

- Enormes cantidades de vapor condensan en forma de continuas lluvias y se formaron los océanos. La acción del sol se encarga de poner en marcha el ciclo del agua.

- Una gran parte del CO_2 es retirado por las lluvias de la atmósfera y pasa a los océanos, donde se forman rocas carbonatadas sedimentarias (calizas y

---

[4] Procedente de la desgasificación y la descompresión de los materiales de la geosfera (la corteza profunda o el manto).

dolomías). El nitrógeno, insoluble en agua y poco reactivo, permanece en la atmósfera convirtiéndose en el componente mayoritario.

- La presencia de oxígeno y de la capa de ozono fueron una posterior consecuencia a la aparición de la vida en la Tierra. Se piensa que la actividad fotosintetizadora de los primeros seres vivos produjo el oxígeno y participó en la reducción de CO_2 en la atmósfera.

La hidrosfera es la capa discontinua de agua que rodea la Tierra. Esta capa procede también de la desgasificación de la geosfera; casi toda, de los gases expulsados por los fenómenos volcánicos. Actualmente el proceso continúa porque los volcanes activos inyectan grandes cantidades de CO_2 y vapor de agua en la atmósfera. El vapor se incorpora al ciclo del agua acumulándose como agua líquida en las cuencas oceánicas, aunque puede hacerlo también como hielo en los glaciares y en los casquetes polares. La hidrosfera es una capa muy importante en la evolución del sistema Tierra porque está relacionada con el descenso del nivel del CO_2 atmosférico, con la aparición y distribución de la vida y con el reparto y control de la temperatura del planeta. La cantidad de agua y su distribución como agua líquida o hielo ha variado en las distintos períodos geológicos, y se admite que se ha ido enriqueciendo en aportes salinos, por el lavado de los continentes que realizan ríos y torrentes y por las aportaciones de los volcanes submarinos.

1.3 MÉTODOS INDIRECTOS PARA EL ESTUDIO DE LA TIERRA

Con los métodos geofísicos se puede investigar zonas sin acceso para el ser humano, como el interior de la tierra. Existen varios métodos geofísicos los cuales aprovechan propiedades físicas de las rocas. Pero todos los métodos geofísicos dan solamente informaciones indirectas, es decir nunca se toman muestras de rocas (método directo). Los métodos más usados son :

Sismología	Gravimetría
Magnetometría	Geoelectricidad

1.3.1 El método sísmico

Es el método que más información suministra a los geólogos sobre la estructura interna de la Tierra.

Las ondas sísmicas que se originan en el hipocentro (foco) del terremoto se desplazan en todas las direcciones comportándose como ondas mecánicas, es decir, al pasar de un medio a otro con diferentes características: cambian de velocidad, se reflejan, se refractan y se difractan.

Tipos de ondas sísmicas

- **Ondas P:** la dirección de propagación y la de vibración son la misma (provocadas por la alternancia de descompresión y compresión de las rocas). También se denominan longitudinales o primarias, y son las primeras en llegar a los observatorios de la superficie terrestre.

- **Ondas S:** La dirección de vibración es perpendicular a la de propagación. También se denominan transversales o secundarias y son más lentas que las ondas P (alrededor de 58 % la de una onda P). No se transmiten en medios líquidos (no pueden soportar esfuerzos de corte). Usualmente la onda S tiene mayor amplitud que la P y se siente más fuerte que ésta. Las ondas P son las primeras en registrarse en el sismógrafo y las S son las segundas en registrarse. Las ondas S poseen mayor amplitud que las ondas P y son las responsables de la fuerza de la sacudida.

- **Ondas L o superficiales:** sólo se transmiten por la superficie terrestre a partir del epicentro y son más lentas que las S y las P. Son las responsables de los desastres sísmicos. Este tipo de ondas no se usan apenas en los estudios sísmicos, porque no penetran en las capas internas. Pueden ser de dos tipos:

  a) **Ondas Rayleigh:** hacer subir y bajar las partículas de sustrato, produciendo desplazamiento hacia delante y hacia atrás.
  b) **Ondas Love:** dan lugar a un movimiento de lado a lado, perpendicular a la dirección de propagación. Son un poco más rápidas que las anteriores.

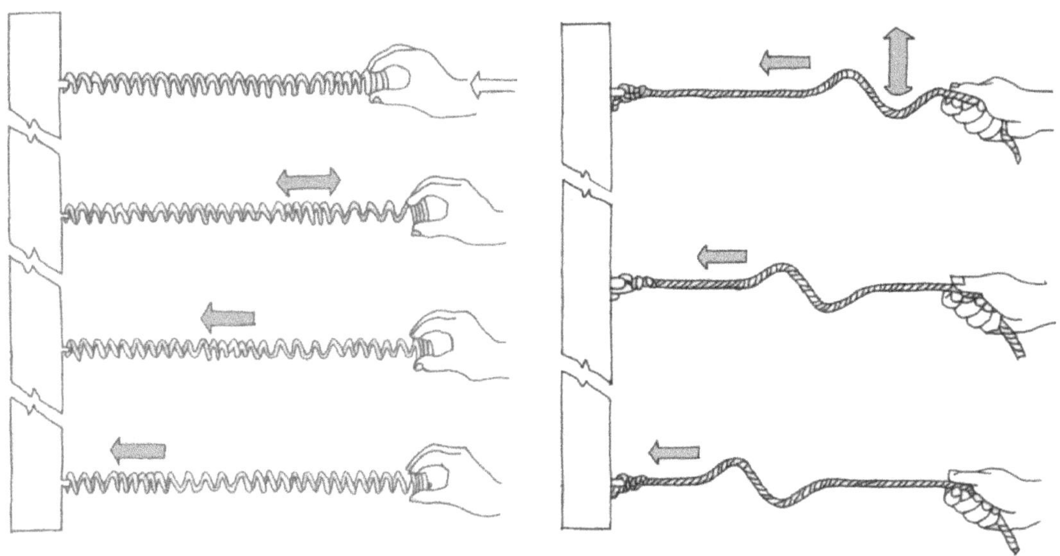

Ilustración 3. Símiles de ondas P (izquierda) y ondas S (derecha)

Principios básicos para comprender el comportamiento de las ondas sísmicas

a) En un medio homogéneo y uniforme una onda se propaga en forma de esferas concéntricas y con velocidad constante.
b) La velocidad de una onda sísmica depende de la naturaleza de los materiales que atraviesa. La velocidad de las ondas dependen de la densidad y rigidez de las rocas.
c) Sufren procesos de reflexión y refracción.
d) Las ondas P viajan en medios sólidos, líquidos y gaseosos, mientras que las S únicamente en sólidos.

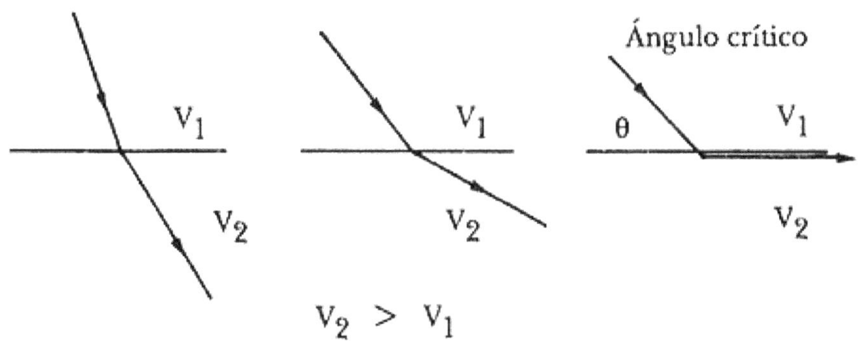

Ilustración 4. Refracción. Desviación de la dirección de una onda al pasar a un medio donde la velocidad de propagación es mayor.

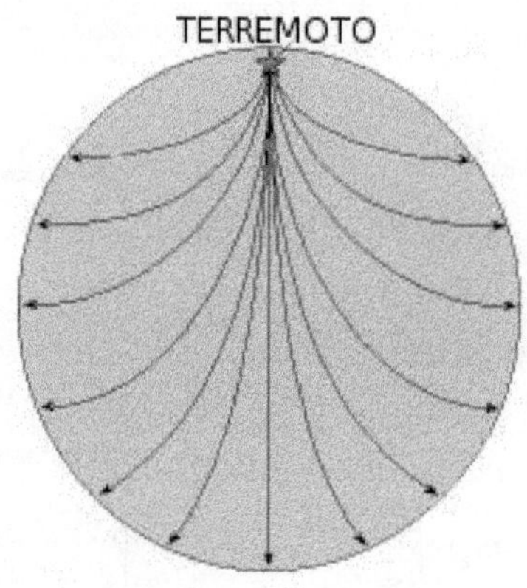

Ilustración 5. Si la tierra tuviese la misma composición hasta su interior, las ondas sísmicas irradiarían al exterior desde su origen (un terremoto) y se comportarían exactamente como se comportan otras ondas. Es decir, tomando más tiempo para ir más lejos y disminuyendo en velocidad y fuerza con la distancia. Este proceso se llama atenuación. Si asumimos que la densidad de la tierra aumenta en forma regular y pareja con la profundidad por la presión agregada, la velocidad de la onda también aumenta con la profundidad y las ondas se refraccionarán continuamente, yendo a través de caminos curvos hacia la superficie.

La frontera corteza-manto. Discontinuidad de Mohorovicic

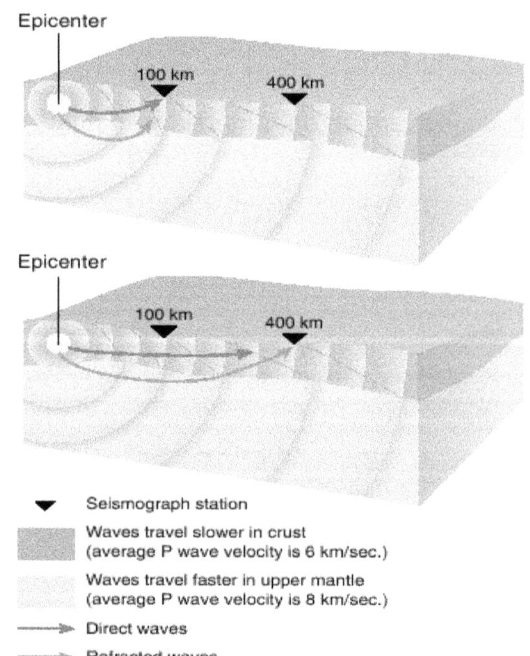

La figura muestra ondas sísmicas que viajan a través de la corteza hasta un sismógrafo cercano. Otras viajan a través del manto y se refractan para llegar al mismo sismógrafo. El camino a través del manto es mayor que por la corteza. Sin embargo las ondas sísmicas viajan más rápido por el manto que por la corteza. Para una distancia corta (menor que 300 km) las ondas que viajan por la corteza llegan al sismógrafo antes que siguiendo la ruta larga a través del manto.

Pero, para largas distancias la ruta del manto es más rápida debido a que las ondas viajan más rápido. La analogía es la de ir a nuestro trabajo siguiendo una ruta corta pero de tráfico denso o siguiendo una autopista de circunvalación. Si nuestro trabajo está cerca de casa llegaremos antes por la ruta corta y densa, pero si nuestro trabajo está en la otra punta de la ciudad llegaremos antes por la vía más rápida.

En 1909, **Andrija Mohorovic** descubrió este hecho que le sirvió para establecer la separación entre la corteza y el manto entre 30 y 40 km de profundidad media.

La frontera manto-núcleo. Discontinuidad de Gutenberg

Cuando un terremoto de cierta intensidad tiene lugar, las ondas producidas se desplazan en todas las direcciones. Paulatinamente van alcanzando los observatorios más lejanos.

A partir de cierta distancia las ondas P y S dejan de recibirse. Se forma así un cinturón de sombra cuya posición sobre la superficie terrestre depende del foco del seísmo, pero siempre se localiza entre 105º y 140º. Superados los 143º, las ondas P vuelven a recibirse pero no las ondas S.

Las ondas S son detenidas por "algo" que, según la posición y tamaño de la zona de sombra, se encuentra a 2900 km de profundidad. Este cuerpo tiene que ser fluido, al menos en su parte más externa, puesto que detiene a las ondas S. Las ondas P no aparecen en la zona de sombra, ya que cambian de velocidad y dirección (son refractadas) al atravesarla, reapareciendo a mayor distancia.

La zona a partir de la cual las ondas S son absorbidas y las P se refractan se denomina **discontinuidad de Gutenberg.**

Discontinuidad de WIECHERT o de LEHMANN

Supone un aumento relativamente importante en la velocidad de las ondas P a partir de los 5100 km de profundidad (las ondas S, recordemos, se detienen en su totalidad en la discontinuidad de Gutenberg). Este tipo de comportamiento se explica por la presencia de una zona de transición entre un medio líquido y uno sólido (explicación del núcleo interno).

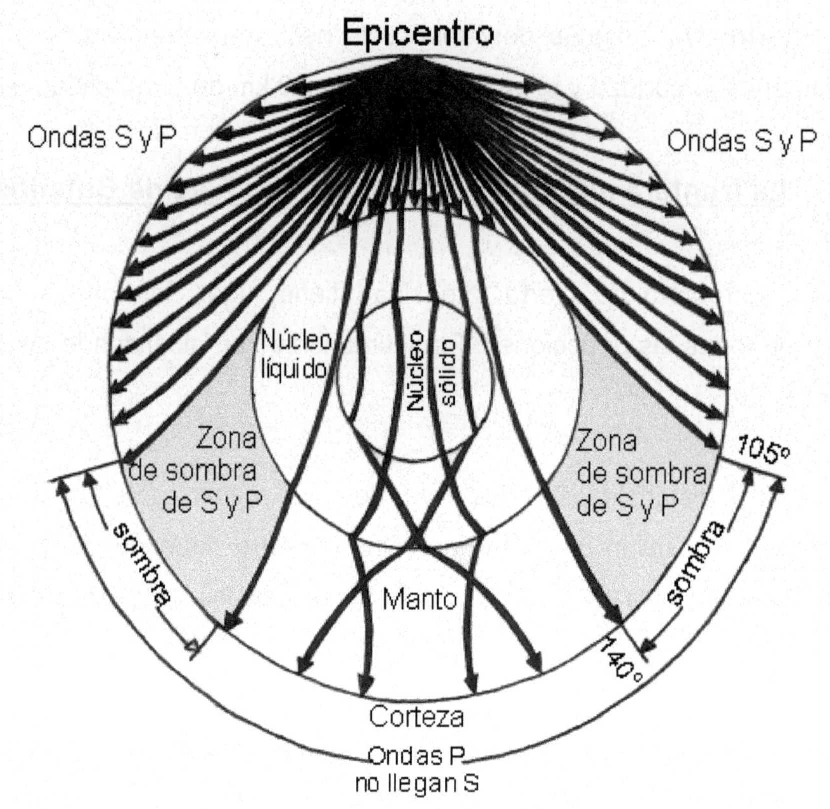

Ilustración 6. Sección transversal de la Tierra y propagación de ondas S y P.

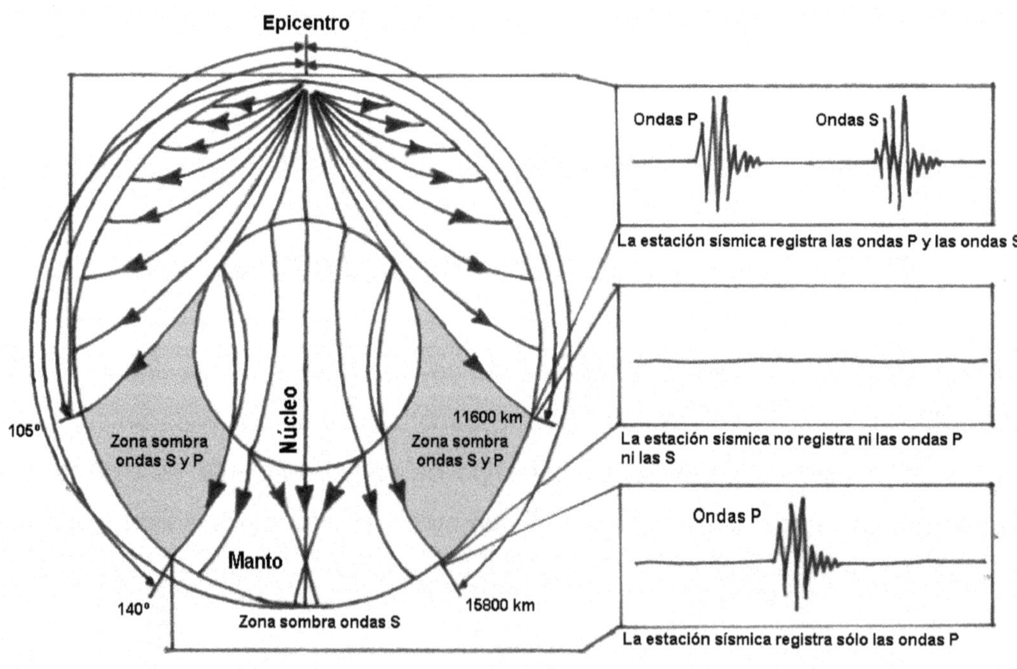

Ilustración 7. Sección transversal de la Tierra y propagación de ondas S y P.

1.3.2 El método gravimétrico

El método gravimétrico consiste en investigar la estructura de la corteza terrestre tomando como base las oscilaciones del valor teórico de la gravedad que se detectan en distintos puntos de la superficie terrestre. Las mediciones se consiguen utilizando el gravímetro, que es un instrumento que mide la gravedad terrestre. Se basa en la medida de la deformación de un muelle que sostiene una masa. Actualmente estos instrumentos alcanzan una gran precisión.

La gravitación es la aceleración (m/s^2) de un objeto qué esta cayendo a la superficie. La gravitación normal (promedia) en la tierra es 9,80665 m/s^2. La altitud y la latitud a la que realicemos la medición, la topografía y los movimientos de las mareas son factores que hacen variar el valor de la gravedad de un lugar a otro. Todos ellos pueden corregirse, hallando entonces una estima media para una región. Las modificaciones de este valor que se encuentren al realizar un análisis de campo corresponderán a diferencias en la densidad de los materiales de la corteza. Este método puede generar una cartografía en la que aparecen zonas con anomalías positivas (+), debidas a la presencia de materiales más densos de lo que se podría esperar, y zonas con anomalías negativas (–), debidas a la presencia de materiales menos densos de lo esperado. Las diferencias de densidad detectadas se pueden utilizar para prospecciones de recursos, ya que pueden corresponder a yacimientos de hidrocarburos, óxidos metálicos, etc., o para estudios de tectónica, ya que pueden indicar la presencia de corrientes de materiales en el manto profundo, variaciones en la forma de la Tierra, etc.

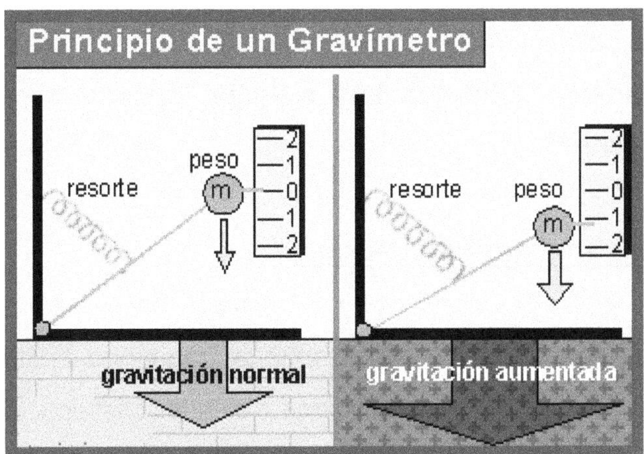

Ilustración 8. El gravímetro de HARTLEY se constituye de un peso suspendido de un resorte. Se puede realizar medidas de precisión cercanas a 0,001 cm/s^2.

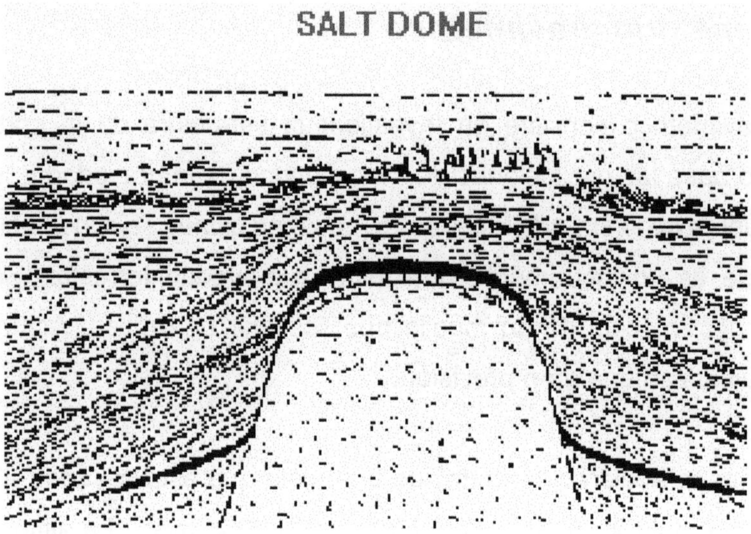

SALT DOME

Ilustración 9. En 1919 el método se usa para la determinación de un domo salino en Hungría. La densidad de la sal es del orden de 2,15; la de las rocas encajantes, del orden de 2,5. Aunque la diferencia no es muy grande, origina una anomalía de la gravedad detectable.

1.3.3 La magnetometría

La magnetometría es como la gravimetría un método geofísico relativamente simple en su aplicación. Una aplicación es la detección de minerales de hierro y magnéticos. Estos yacimientos producen anomalías magnéticas en la superficie terrestre que pueden ser detectadas mediante un magnetómetro.

Las rocas sedimentarias generalmente ejercen un efecto magnético despreciable en comparación con el efecto magnético generado por las rocas ígneas y metamórficas; la mayoría de las variaciones de la intensidad magnética medidas a la superficie terrestre resulta de cambios litológicos o topográficos asociados con rocas ígneas o con rocas del basamento. Esto nos lleva a poder medir el espesor de la sección sedimentaria de la corteza.

Paleomagnetismo de las rocas

El basalto es una roca volcánica que contiene pequeños cristales de magnetita. Cuando esta roca comienza a solidificarse, dichos cristales, funcionando como pequeñas brújulas, se orientan en la misma dirección y sentido del campo magnético terrestre. Al completarse la solidificación el campo magnético queda grabado en la roca.

Se ha comprobado que los basaltos de la misma edad tienen siempre la misma orientación magnética. Sin embargo, entre basaltos de edades diferentes puede darse una orientación magnética opuesta. Esta inversión se explica suponiendo que los polos magnéticos norte y sur intercambian sus posiciones periódicamente.

1.3.4 La geoelectricidad

Los métodos geoeléctricos se basan en la conductividad o la resistividad eléctrica de las rocas, las cuales son propiedades materiales. Por ejemplo los sulfuros son de alta conductividad/baja resistividad eléctrica, las micas son de conductividad muy baja y las rocas porosas saturadas con agua son de alta conductividad.

1.4 MODELOS DEL INTERIOR DE LA TIERRA

Como consecuencia de los datos suministrados por los métodos de estudio descritos la estructura de la Tierra se establece atendiendo a dos modelos: el modelo geoquímico y el modelo dinámico.

1.4.1 Modelo geoquímico

La corteza: Es la porción de la Tierra que existe por encima de la discontinuidad de Mohorovicic. Formada por elementos ligeros, principalmente oxígeno y silicio. Se distinguen dos tipos de corteza: la continental y la oceánica.

a) La corteza continental (densidad media 3,7 g/cm^3)

- Está formada por los continentes geográficos y por las plataformas continentales (actualmente inundadas por los océanos).
- Es discontinua, muy heterogénea, con un grosor que oscila entre los 10 y 70 km (zonas montañosas).

- Se consideran las siguientes unidades:
    - **Escudos o cratones:** son áreas estables con poca actividad sísmica. Están formados por rocas ígneas y metamórficas muy antiguas, frecuentemente son zonas con poco relieve como consecuencia de haber actuado durante mucho tiempo la erosión. A veces está recubiertos de sedimentos modernos y horizontales. Entre los escudos más grandes se encuentran el

del Congo, el siberiano y en España parte de Galicia y ambas mesetas.

- **Áreas orogénicas:** formadas por cordilleras. Generan el relieve visible del continente. Están constituidas por enormes series de rocas sedimentarias plegadas e incluyen también rocas ígneas y metamórficas. En España las áreas orogénicas más antiguas son los Montes de Toledo. Las más recientes presentan un fuerte relieve y tienen actividad sísmica como el Pirineo y las Cordilleras Béticas.

- **Plataforma continental:** sumergida en el óceano a poca profundidad (menos de 180 m) y recubierta de sedimentos horizontales.

b) **La corteza oceánica** (densidad media 5 g/cm^3). Tiene un espesor comprendido entre los 5 y los 8 km y se considera dividida en tres capas, en principio horizontales, que de arriba a abajo son:

- **Capa de sedimentos (nivel 1):** formados por restos duros de plancton y tiene unos 1300 m de espesor medio.
- **Zócalo oceánico (nivel 2):** formado por lavas almohadilladas y laminares a las que atraviesan diques verticales. Puede tener unos 2000 m de espesor y está muy fracturado.
- **Zócalo oceánico (nivel 3):** constituido por una masa de basaltos de origen volcánico que se dispone en estructuras de columnas debidas al proceso de enfriamiento y solidificación.
- **Capa oceánica:** compuesta de gabros[5] que se solidifican y se separan de la fusión magmática en la cámara magmática. Su grosor medio es de unos 5000m.

---

[5] La mineralogía es similar a la de los basaltos, pero de naturaleza plutónica en vez de volcánica.

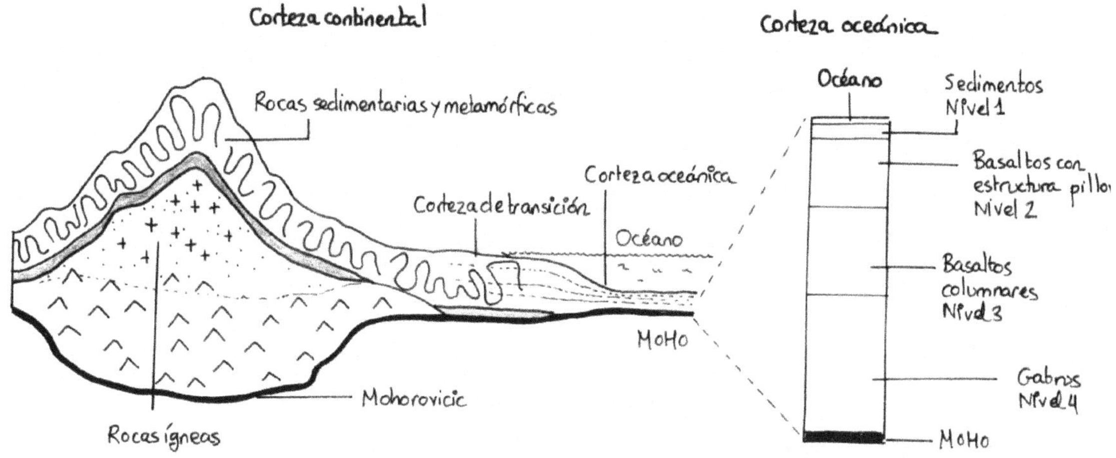

Ilustración 10. Corte transversal de la corteza oceánica y la corteza continental.

El manto: Se extiende desde el final de la corteza hasta los 2900 km de profundidad. Abundan más los elementos pesados. Se cree está formado por rocas con poco contenido en silício y oxígeno, pero ricas en minerales del tipo de los silicatos de hierro y magnesio (como el olivino y los piroxenos), con algo de calcio y sodio. La densidad aumenta con la profundidad. En el manto se distinguen tres capas:

- **Manto superior:** empieza en la discontinuidad de Mohorovicic y llega hasta los 400 km de profundidad. Se supone formado por peridotita, roca que se funde y da lugar al basalto y al gabro de la corteza oceánica.
- **Zona de transición:** se extiende entre los 400 y 700 km. Los materiales de esta capa deben ser diferentes a los del manto superior. En ella hay corrientes de convección.
- **Manto inferior:** llega hasta los 2900 km. Debe tener materiales con una composición química muy compleja y sólo conocemos su elasticidad y plasticidad, datos que se obtienen de los estudios de los seísmos naturales. Se supone que está formado por silicatos y óxidos de Fe y Mg.

El núcleo: todos los estudios apuntan a la existencia de un núcleo compuesto por un 90% de hierro, que se encontraría fundido en su mayor parte, y por un 10% de otros elementos[6] como el níquel, el azufre o el oxígeno. Se divide en dos capas:

- **Núcleo externo:** se extiende desde el manto (2900 km) hasta los 5000 o 5150 km de profundidad. Aunque las ondas S no se propagan en él, no fue este hecho el que permitió suponer que sea líquido. Se observó que las deformaciones de la Tierra sólida causadas por la atracción del Sol y de la Luna sólo pueden ser explicadas suponiendo que la rigidez de la Tierra es inferior a la que se deduce de las velocidades de propagación de las ondas sísmicas en el manto. De ahí que la rigidez del núcleo debe ser nula, y por tanto líquido.

- **Núcleo interno:** hasta los 6374 km. Su composición es la misma que la del núcleo externo pero por debajo de los 5100 km, la presión es tan alta que eleva el punto de fusión y evita que el núcleo pueda fundirse.

1.4.2 Modelo dinámico

Tiene en cuenta que la presión y la temperatura afectan al comportamiento mecánico, a la densidad y al estado físico-químico de los materiales en el interior de la Tierra. Sus capas no coinciden con las composicionales pero explica más detalladamente otras discontinuidades que aparecen en los estudios sísmicos.

La Litosfera: es la capa más superficial de la Tierra sólida, caracterizada por su rigidez. Tiene un espesor medio que varía entre aproximadamente 100 km para los océanos y 150 km para los continentes y es la zona donde se produce, en interacción con la astenosfera, la tectónica de placas. Mientras el límite corteza/manto, la discontinuidad de Mohorovicic, es en casi todas las partes una interfase nítida que separa rocas de diferente composición química, el límite litosfera/astenosfera corresponde a una transición de fase relacionada con ciertos valores críticos de presión y temperatura que se alcanza a una profundidad. Algunos autores proponen que el límite inferior de la litosfera se encuentra en la isoterma 600°C, debido a que a partir de esta temperatura el olivino comienza a ser dúctil (o plástico).

---

[6] Por razones de abundancia en el cosmos y su solubilidad en hierro fundido. Suele denominarse composición "FeNi".

La Astenosfera[7]**:** es la zona del manto terrestre que está inmediatamente debajo de la litosfera, aproximadamente entre 100 y 240 kilómetros por debajo de la superficie de la Tierra. Es la zona en que las rocas del manto debido a las altas presiones y temperaturas se vuelven plásticas y capaces de fluir. En la astenosfera existen lentos movimientos de convección que explican la deriva continental. Además, el basalto de la astenosfera fluye por extrusión a lo largo de las dorsales oceánicas, lo cual hace que se renueve constantemente el fondo del océano. Presenta zonas con rocas parcialmente fundidas, que son restos del flujo ascendente que procede del manto (coincidentes con la detección de un descenso brusco en la velocidad de propagación de las ondas sísmicas).

La Mesosfera: también llamada manto inferior, comienza a los 670 km de profundidad, donde se produce un cambio de fase en los minerales sin variar su composición química. Formada por roca caliente y sólida, pero plástica y capaz de fluir lentamente. Parece ser algo más viscosa que la capa anterior. En la actualidad hay muchos científicos que creen que todo el manto posee un comportamiento plástico, y que existen unas enormes corrientes de convección que ascienden desde el límite con el núcleo hasta la base de la litosfera. Los materiales calientes y ligeros forman un penacho ascendente hasta la base de la litosfera, donde la disminución de la presión provocaría su fusión e irrupción en la superficie formando **los puntos calientes.**

Límite núcleo-manto: también conocido como capa D, ocupa aproximadamente los 200 últimos kilómetros del manto inferior, justo antes del comienzo del núcleo. En algunas zonas de esta región, las ondas P disminuyen bruscamente su velocidad. En esta zona las rocas podrían calentarse mucho y experimentar una fusión parcial en algunas zonas, lo que las haría ascender hacia la litosfera.

Endosfera: formada por una capa externa líquida en la que se producen corrientes o flujos, y otra interna sólida y muy densa.

---

[7] Los recientes estudios realizados por tomografía sísmica apuntan a que la astenosfera, entendida como un nivel continuo de rocas parcialmente fundidas situadas bajo la litosfera, que está despegado de esta y que experimenta un flujo convectivo de materiales, podría no existir. De hecho, parece que los descensos en la velocidad de propagación de las ondas sísmicas que indicaban la presencia de este nivel no se detectan sino bajo zonas aisladas de la litosfera, con vulcanismo o actividad tectónica intensas. Este descubrimiento ha provocado un replanteamiento de la estructura y la dinámica del manto. Uno de los modelos más recientes es el que se ilustra en la figura de la página siguiente.

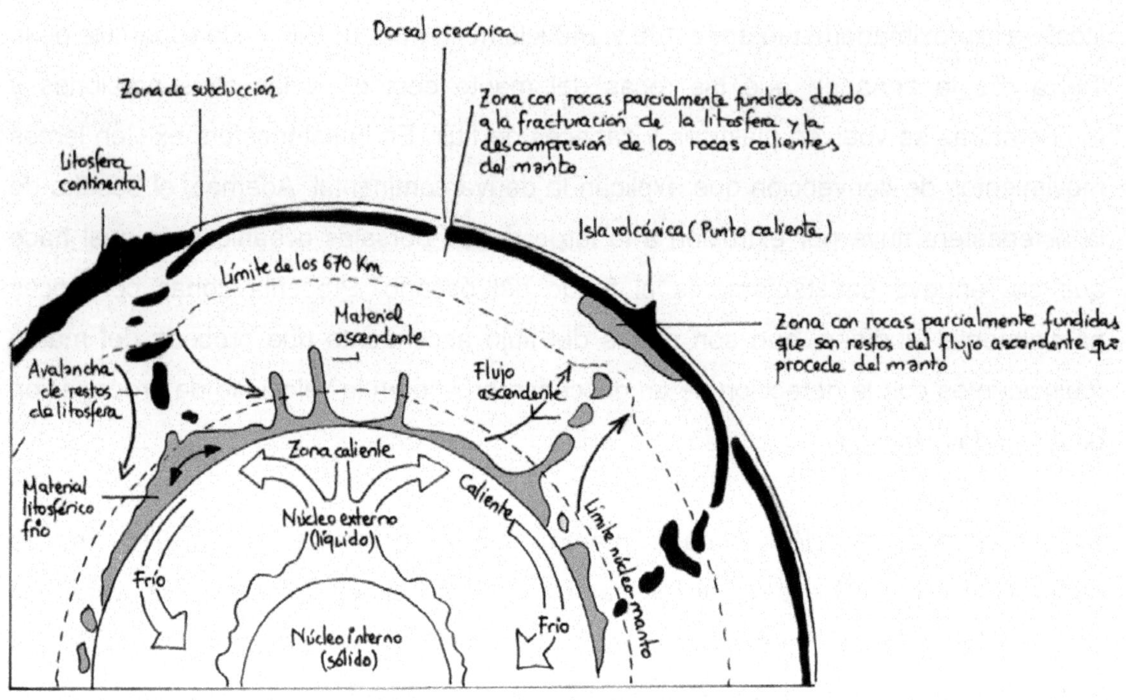

Ilustración 11. Esquema del modelo dinámico.

Capítulo II

2 LA DINÁMICA DE LA LITOSFERA

La Tierra está dividida en conjunto de piezas rígidas denominadas placas litosféricas. Entre ellas, debido a la salida y enfriamiento de materiales fluidos surge una nueva corteza, que se destruye posteriormente. Esta dinámica, conocida como tectónica de placas, explica la mayor parte de los fenómeno geológicos: la formación de las montañas, como consecuencia de los plegamientos de los bordes de las placas, los seísmos, la constitución de volcanes y los distintos tipos de rocas volcánicas, la intrusión y el emplazamiento de masas fundidas, origen de los distintos tipos de rocas plutónicas...

2.1 ANTECEDENTES HISTÓRICOS

Hasta mediados del S.XX, las explicaciones que los científicos daban a los acontecimientos geológicos eran aisladas. Unas teorías explicaban el origen de las montañas, otras, independientemente, explicaban cómo se producían los terremotos.

A partir de los años 60 surgió un nuevo enfoque globalizador: la teoría de tectónica de placas. Surge cuando empieza a conocerse mejor el fondo de los océanos y comienzan a interpretarse los datos del magnetismo terrestre.

Mediante esta teoría se empieza a relacionar un gran número de fenómenos que tienen un mismo origen y comienzan a explicarse los acontecimientos a escala de toda la Tierra, por lo que dicha teoría se conoce con el nombre de Tectónica global.

Actualmente, la comunidad científica acepta esta teoría dada la gran cantidad de argumentos y pruebas que la sostienen.

Para explicar la formación de una de las máximas expresiones de la tectónica terrestre que es la formación de las grandes cordilleras u orógenos, la comunidad científica se debatía entre dos corrientes de pensamiento: uno supone que los continentes permanecen inmóviles y que los orógenos se producen por esfuerzos en la componente vertical (**hipótesis fijistas**), y otro que supone que los continentes se desplazan, y atribuye el origen de los orógenos a los esfuerzos en la horizontal (**hipótesis movilistas**).

En la actualidad, se admite el origen de las cordilleras asociado a la actividad interna de la Tierra en un marco movilista.

2.1.1 Teorías fijistas

Dentro de las teorías fijistas está las hipótesis contraccionistas como las del geólogo americano **Dana** que propuso en 1873 la **Teoría del geosinclinal.** Para él los geosinclinales eran unos surcos estrechos, de muchos kilómetros de longitud. En ellos, a lo largo del tiempo, se iban acumulando cantidades ingentes de sedimentos. Las fuerzas de compresión horizontales, debidas a la contracción de la tierra, plegaban estos sedimentos, que se elevaban y formaban las cadenas montañosas.

Dentro de esta corriente de pensamiento, el geólogo austriaco **Suess** sostenía al final del S.XIX, que la contracción era el responsable del origen de la montañas. Estas se formarían de igual manera que se originan las arrugas de una manzana cuando, al secarse se contrae.

La idea de que la Tierra se contraía como consecuencia de su enfriamiento fue perdiendo peso poco a poco. El descubrimiento de la radiactividad terrestre y el que exista una fuente para el mantenimiento del calor interior del planeta, fue decisivo para el abandono de estas teorías.

2.1.2 Teorías movilistas

En las Teorías movilistas, la idea del desplazamiento de los continentes es antigua y coexistió con los enfoques contraccionistas. La principal dificultad que tenían las ideas movilistas era que no aportaban suficientes datos para justificar la movilidad de las masas terrestres.

En 1910, **Alfred Wegener**, un meteorólogo alemán planteó con abundantes argumentos y datos la idea de que los continentes no habían permanecido fijos, sino que se habían movido en el transcurso de los tiempos geológicos.

En 1915 Wegener publicó su **Teoría de la deriva continental**, que en resumen dice que:

1) Los continentes estaban unidos en un supercontinente (Pangea) rodeados de un solo océano (Panthalasa).

2) Este supercontinente se fragmentó y se separaron unos trozos de otros, moviéndose como barcos a la deriva.

3) La causa o "motor" de este movimiento es la rotación de la tierra unido a la atracción Luna-tierra (efecto de las mareas).

4) Como consecuencia de esta fragmentación, se formaron los continentes actuales.

En apoyo a su teoría, Wegener aportó numerosas **pruebas**:

- **Geográficas:** la coincidencia entre contornos de continentes actualmente muy distantes, muy clara entre África y Sudamérica, en otros casos no tan aparente porque los verdaderos límites de continentes no son la línea de costas sino sus taludes continentales.

- **Geológicas:** las alineaciones montañosas antiguas (como las hercínicas de la era Paleozoica hace 300 millones de años) se continúan a los dos lados del océano, con las mismas estructuras, mismas series de rocas, edad ... en cambio, cadenas recientes (como las alpinas hace 25 o 30 millones de años) no se interrumpen.

- **Paleontológicas:** entre los fósiles antiguos, aparecen muchas especies iguales en continentes que en la actualidad están separados. Por ejemplo el reptil fluvial *Mesosaurus* en Sudamérica y África.

- **Paleoclimáticas:** la existencia de sedimentos de origen glaciar, las tillitas (restos bastantes heterogéneos formados por trozos mal compactados de rocas, arrastrados y posteriormente abandonados por los glaciares) en regiones de clima actual tropical.

La propuesta de Wegener fue revolucionaria en muchos aspectos. Sin embargo, debido al precario conocimiento del interior de la tierra que se tenía en la época, presentaba algunas imprecisiones que dificultaron que fuera aceptada por los geólogos.

Wegener no supo explicar satisfactoriamente cuál era el "motor" que mueve a los continentes. Propuso la rotación de la tierra y la atracción gravitatoria del sistema tierra-luna, pero los físicos de su tiempo demostraron que estas fuerzas eran demasiado débiles para mover las grandes masas continentales.

2.2 LA EXPANSIÓN DEL FONDO OCEÁNICO

A partir de la publicación del libro de Wegener, el mundo científico se dividió entre partidarios de la deriva continental, los **movilistas**, y los detractores de ésta, los **fijistas**.

La Teoría de Wegener cobró fuerza cuando, en las décadas siguientes, varios investigadores aportaron datos que justificaban, corregían y complementaban la propuesta de Wegener. Transcurrieron casi cuarenta años hasta que en la década de los sesenta, los geofísicos, a partir del estudio del magnetismo remanente de las rocas continentales y oceánicas, pudieron aportar una nueva evidencia de la deriva de los continentes y resolver el problema del mecanismo de transporte mediante la expansión de los fondos oceánicos.

Uno de los hallazgos del S. XX que ha contribuido al desarrollo de la TTP ha sido la determinación de la geografía y topografía de los fondos oceánicos.

2.2.1 Relieve del fondo oceánico

A principios del S. XX se desconocía aún la topografía submarina y se suponía que los océanos eran cóncavos y de fondo plano. Durante la Segunda Guerra Mundial (1939-45) se procedió a la exploración general del fondo de los océanos mediante ultrasonidos, como base para la lucha submarina. Con ello se descubrió que su fondo no es plano, sino que está recorrido por unas cordilleras, llamadas **dorsales**, y que su perfil es marcadamente convexo, con las profundidades menores en el centro (correspondientes a las dorsales) y, frecuentemente, las mayores en los bordes, por la presencia de **fosas oceánicas.** A estos bordes con fosas se les denominaría posteriormente **márgenes activos**.

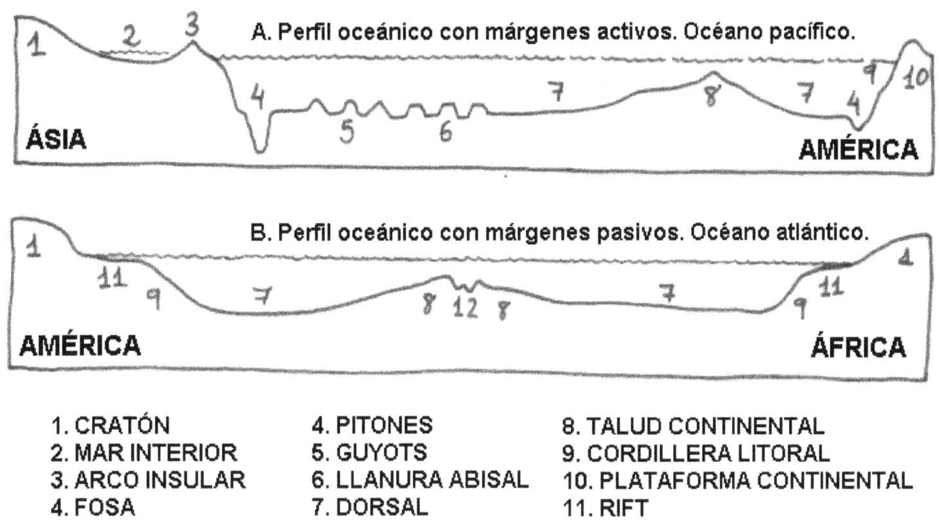

Ilustración 12. Perfil oceánico con márgenes activos y pasivos.

Las dorsales son largas cordilleras que se elevan varios kilómetros sobre el fondo general o llanura abisal, que en algunos puntos llegan a emerger dando lugar a islas (por ejemplo Islandia) y que, en general, poseen dos alineaciones de crestas paralelas, separadas por un valle llamado rift, de 2 a 3 km de profundidad por debajo de las crestas y hasta 50 km de anchura. Transversalmente están interrumpidas por numerosas fallas horizontales llamadas **fallas transformantes.**

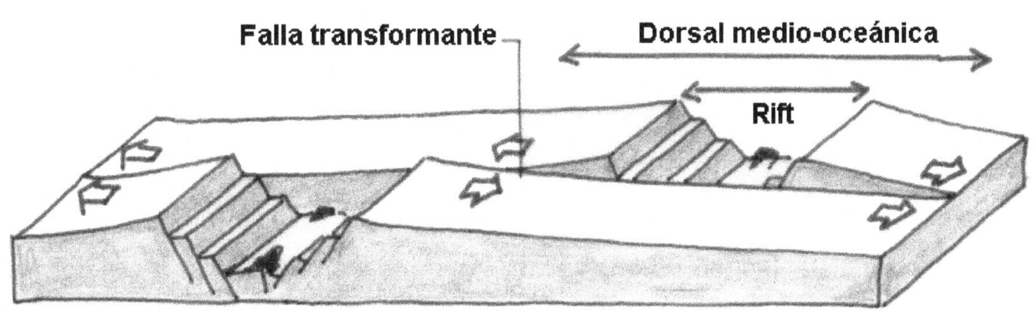

Ilustración 13. Valle rift y falla transformante.

2.2.2 La Teoría de la expansión del fondo oceánico

Con todos estos datos, el geólogo estadounidense, Harry **Hess** (1960), propone la teoría de la expansión de los fondos oceánicos cuyos principales postulados son:

- Los fondos oceánicos crecen a partir de las dorsales, gracias a la solidificación del material mantélico que crea nueva corteza. Esto ocasiona un desplazamiento progresivo del material ya formado y se va alejando de la dorsal. Mientras en las fosas oceánicas se produce el hundimiento de esta corteza, que la recicla, compensando así la corteza formada en la zona de dorsal. Entre ambas zonas se produce un movimiento de deslizamiento horizontal semejante al de una cinta transportadora. En aquella época la hipótesis no fue demostrada.

- Los continentes no se mueven solos, sino que viajan conjuntamente con el suelo oceánico alejándose de las dorsales.

2.2.3 El paleomagnetismo

La primera prueba acerca de la veracidad de la teoría de la expansión del fondo oceánico fue cuando en los años 1962 y 63 los geofísicos americanos Drummond **Matthews** y Fred **Vine** investigaron el fondo oceánico mediante magnetometría (mide la dirección magnética que adoptan los minerales magnetizables que forma parte de las rocas). Los perfiles transversales (perpendiculares a las dorsales) que obtuvieron resultaron ser simétricos a los lados de la dorsal y discontinuos, pasando alternativamente de unos valores máximos, que correspondía a bandas de polaridad[8] como la actual, a otros mínimos de polaridad invertida.

En consecuencia, probaron que la corteza oceánica está formada por bandas paralelas de distinta polaridad situadas simétricamente a ambos lados de las dorsales.

---

[8] *Debemos recordar que la polaridad magnética de las rocas volcánicas (como son las de los fondos oceánicos) se debe a la orientación que adoptan sus cristales de magnetita en el interior de la lava. Cuando cambia la polaridad del campo magnético terrestre, cambia la orientación de los nuevos cristales.*

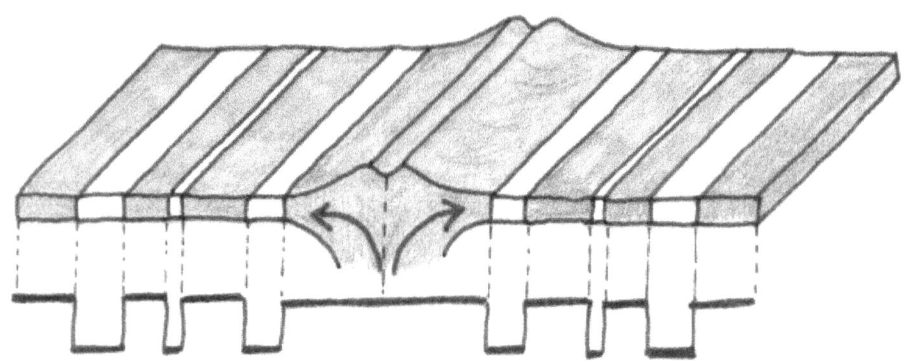

Ilustración 14. Magnetismo del fondo oceánico.

Para explicar esa simetría y esas alternancias, Vine y Matthews consideraron que los océanos crecen a partir de sus dorsales por inyección constante de materiales magmáticos procedentes de la astenosfera. Cada par de bandas magnéticas simétricas constituye la porción de corteza oceánica formada entre dos inversiones de la polaridad magnética terrestre. Después de cada inversión, un nuevo par de bandas empujará a las que anteriormente formadas, alejándolas de la dorsal. Con ello se va produciendo una expansión del fondo oceánico.

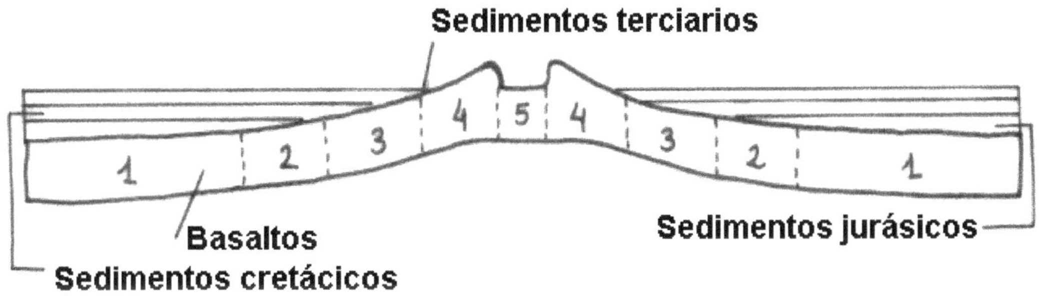

Ilustración 15. Sedimentos marinos a partir de las dorsales.

Otro hecho apoya esta teoría: los sedimentos marinos que se disponen sobre la corteza basáltica va aumentando en espesor y antigüedad a medida que se alejan de la dorsal.

2.3 LA TEORÍA DE LA TECTÓNICA DE PLACAS O TECTÓNICA GLOBAL

En 1965, el geofísico canadiense Tuzo **Wilson** propuso la llamada TTP. En ella considera que la geosfera tiene una estructura y una dinámica en su interior que causa el movimiento y el cambio en forma de grandes fragmentos o placas de litosfera. Se acepta que hay una litosfera rígida sobre un manto capaz de fluir en estado sólido.

Estos desplazamientos litosféricos proporcionan la energía necesaria para que ocurran los procesos geológicos de origen interno y para influir en los de origen externo.

Este modelo, aceptado hoy día, explica todos los fenómenos geológicos a escala planetaria, por lo que también se conoce como **Tectónica Global**.

Considera la Tierra como litosfera dividida, como un rompecabezas, en una serie de fragmentos rígidos denominados **placas litosféricas**. Las placas están separadas por una red de cinturones sísmicos y volcánicos, cadenas montañosas submarinas y archipiélagos de islas volcánicas dispuestas en arco, que recorren toda la superficie terrestre.

Las placas litosféricas pueden estar formadas en parte por litosfera continental y en parte oceánica, o bien, exclusivamente por litosfera oceánica.

Algunas de las placas son: la norteamericana, sudamericana, nazca, cocos, Juan de Fuca, pacífica, africana, euroasiática, filipina, indoaustraliana, antártica, caribeña ...

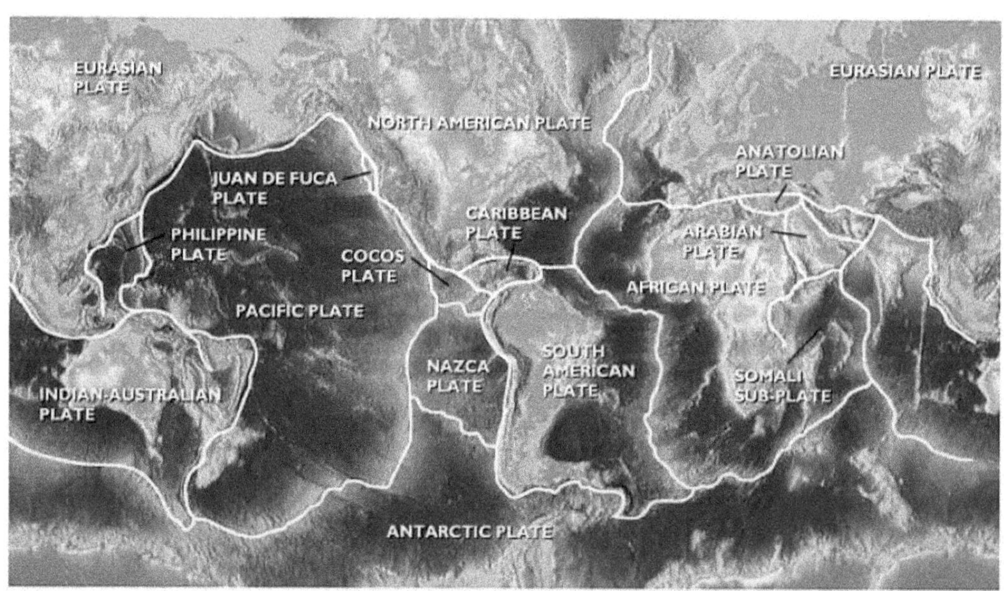

Ilustración 16. Principales placas activas actualmente.

En 1968, Wilson sugirió que la apertura del Océano Atlántico podría haber ocurrido varias veces, proponiendo así una sucesión de fases de apertura y cierre de las cuencas oceánicas. Será la base de lo que se conocerá como el ciclo de Wilson.

2.4 LA DINÁMICA DE LAS PLACAS LITOSFÉRICAS

Según la Teoría de la Tectónica global, las placas litosféricas no son estáticas, sino que cambian, lenta y continuamente, de tamaño, de forma y de posición. Esta dinámica litosférica produce grandes roces y empujes entre placas, que a su vez, desencadenan los diferentes procesos geológicos de origen interno (vulcanismo, magmatismo, terremotos, deformaciones de la corteza ...) e influyen en los de origen externo.

Los geólogos elaboran algunas hipótesis para intentar explicar el mecanismo impulsor de la dinámica de las placas.

2.4.1 El "motor" de las placas

Todas las hipótesis se fundamentan en la presencia de una gran cantidad de calor en el interior de la Tierra. Hay muchos datos que confirman la existencia de esta energía geotérmica

El calor interno de la Tierra procede, principalmente, de los restos del calor de formación del planeta y de los procesos radiactivos que ocurren en su interior.

- **Los restos del calor de formación:** los numerosos impactos de planetesimales durante la formación de la Tierra liberaron grandes cantidades de energía calorífica, que llegaron a fundir por completo el planeta, parece que una parte del aquel calor de formación permanece en el núcleo y es irradiado lentamente hacia las capas superiores.

- **El calor generado por los procesos radiactivos:** se cree que la mayor parte de la energía interna de la Tierra procede de la actividad de los isótopos radiactivos de algunos elementos químicos que forman los minerales. Son átomos inestables (por ejemplo: ^{232}Th, ^{238}U, ^{40}K, ^{235}U abundantes en rocas) sufren una desintegración de su núcleo que los transforma en elementos distintos con menor masa atómica. En este proceso liberan energía en forma de calor y emiten partículas en movimiento y ondas electromagnéticas, que a su vez pueden comunicar energía a los átomos vecinos.

2.4.2 La distribución del calor interno y la dinámica de las placas

Los mecanismos que hacen que el calor interno de la Tierra puedan generar la dinámica de las placas se fundamentan en la desigual distribución del calor, ya que es mucho más intenso en las capas profundas (núcleo) y va disminuyendo hacia la superficie. Es lo que se denomina **gradiente geotérmico**.

Como en todos los sistemas que existen diferencias térmicas, el calor de las zonas calientes tiende a dirigirse a las más frías. El tránsito de calor se lleva a cabo mediante **corrientes de convección**. Así las masas de rocas calientes y plásticas del manto profundo pueden ascender hacia la superficie, mientras las zonas frías de la litosfera se introducen en el manto. Parece ser que estas corrientes de materiales son las responsables del movimiento de las placas.

Existen varias hipótesis que intentan explicar este proceso:

a) **Modelo astenosférico clásico:** propone que bajo la litosfera existe una zona del manto superior, la llamada astenosfera, que presenta una fusión parcial de sus rocas. La astenosfera sería una capa universal y muy activa. En ella se producirían células de convección capaces de arrastrar los fragmentos de la litosfera como si se tratara de una cinta transportadora movida por unos rodillos situados bajo de ella.

b) **Modelo de las avalanchas y plumas:** considera que la astenosfera no existe y que la totalidad del manto presenta un lento flujo de materiales. Por una parte, la litosfera oceánica se introduce en el manto en las zonas de subducción, se precipita en grandes avalanchas hasta el límite núcleo-manto y tira de la placa causando su movimiento. Por otra parte, se produciría un ascenso hasta la superficie de plumas de materiales supercalientes procedentes del manto profundo.

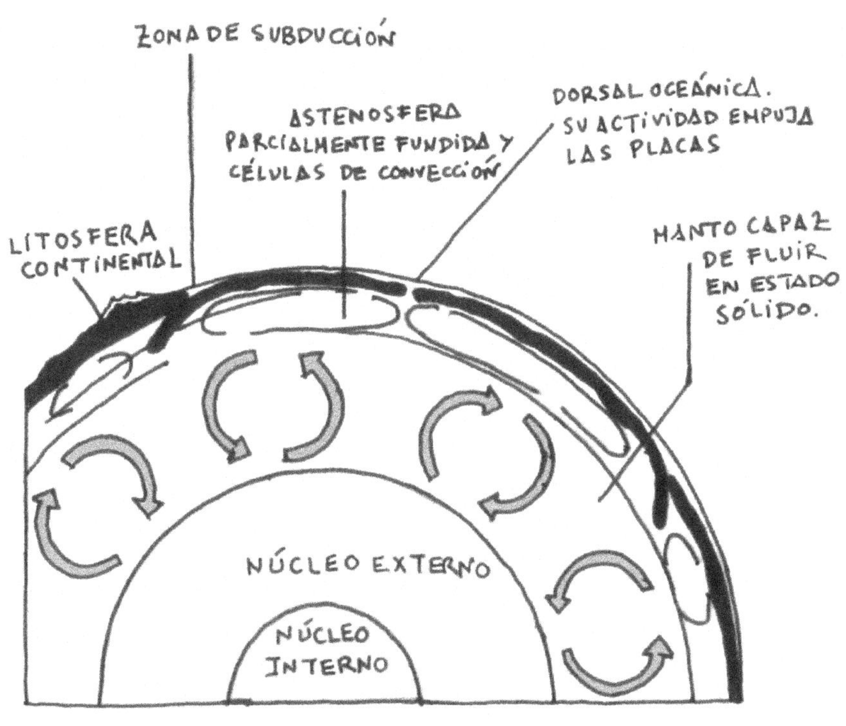

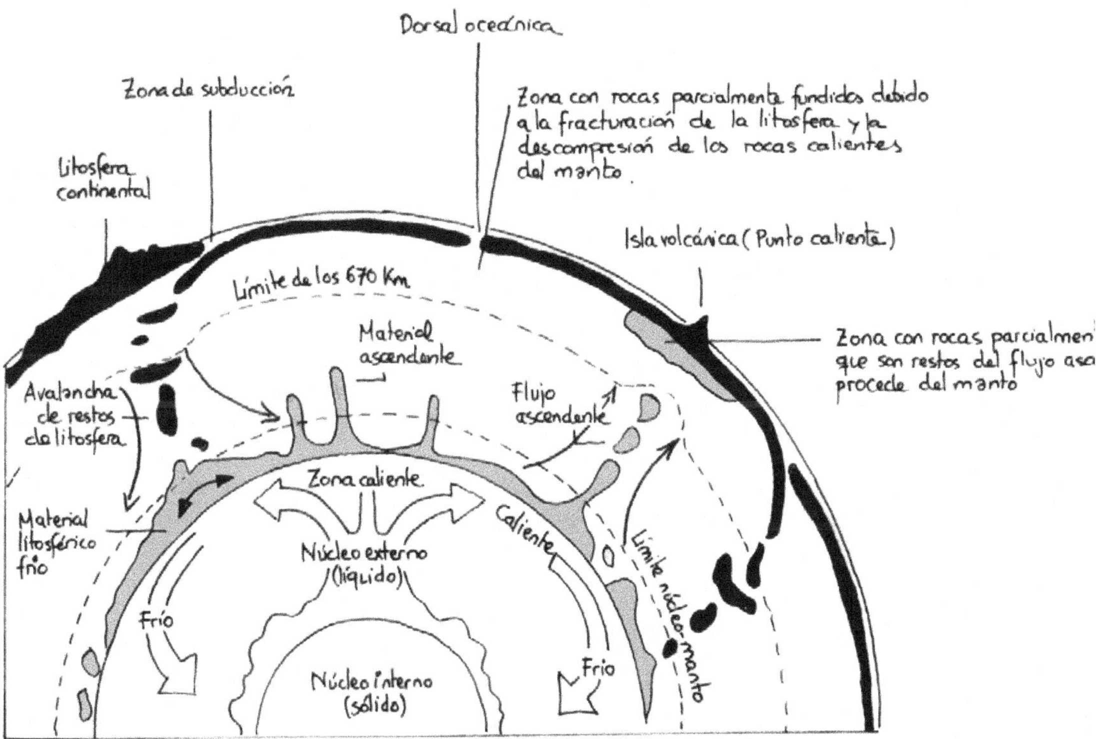

Ilustración 17. Modelo astenosférico clásico (arriba) y modelo de las avalanchas y plumas (abajo).

En la actualidad existen una creciente acumulación de evidencias contra la existencia de la astenosfera. Aunque se trata de un término muy asentado en la tradición de la tectónica de placas, esta subcapa parece que se diluye conforme avanza la acumulación de datos sobre el espacio interior de la Tierra en el que se supone que debería estar esta zona.

De acuerdo con los datos obtenidos mediante las modernas técnicas de **tomografía sísmica** (una técnica aplicada al interior del planeta y parecida al escáner en medicina), todo el manto se vendría comportando como un gran sólido dotado en su interior de movimientos convectivos de tipo fluido (los sólidos sometidos a altas presiones y temperaturas pueden fluir). Esta interpretación exige la inexistencia de una capa subsuperficial, continua, caliente y fluida, diferenciada del resto del manto, en donde las ondas sísmicas de tipo "S" se moverían a baja velocidad. No parece sin embargo, que la desaparición de astenosfera suponga un gran cambio para la tectónica global, aunque sí para la forma y el número de las células convectivas que determinarían el movimiento de flujo en el manto.

Las imágenes de tomografía computerizada sobre el interior del manto hasta el límite con el núcleo externo (llamado capa o nivel D) permiten visualizar superpenachos o superplumas constituidos por enormes masas calientes de material (que las ondas sísmicas atraviesan a lenta velocidad).

2.5 LAS INTERACCIONES ENTRE PLACAS

Las placas pueden separarse, chocar o deslizarse lateralmente entre sí. Las zonas en que sucede esto se denominan, respectivamente, dorsales oceánicas, zonas de subducción y fallas transformantes.

En relación a esto, entre placa y placa se pueden reconocer tres tipos de límites o bordes:

- **Bordes constructivos o divergentes:** constituyen el límite entre dos placas que se separan. Se abre fracturas entre ambas que son rellenadas continuamente por rocas fundidas (magmas) de manto, al llegar a la superficie, se solidifican y forman fragmentos de nueva litosfera oceánica. Producen la expansión del fondo oceánico.

- **Bordes convergentes o destructivos:** forman el límite de dos placas que se aproximan y se empujan. En algunos casos las placas están formadas por litosfera oceánica, otras por litosfera oceánica y otra continental, otras por litosfera continental.

- **Bordes con movimiento lateral:** separan placas que se deslizan lateralmente una con respecto de la otra. Se trata de fracturas, llamadas fallas transformantes. Suelen intercalarse a lo largo de los bordes divergentes. No se crea ni se destruye litosfera, por eso se denominan bordes pasivos.

Los procesos de creación de litosfera oceánica en los bordes divergentes y de su destrucción en los bordes convergentes se compensan mutuamente, formando un sistema en equilibrio. De lo contrario, si uno de los procesos fuera más intenso que el otro, el volumen del planeta cambiaría definitivamente, la realidad es que no lo hace.

2.5.1 Dinámica de los bordes divergentes

Coinciden con dos tipos de estructuras geológicas características:

- **Las dorsales oceánicas:** se separan dos placas que forman parte de un mismo fondo oceánico.

- **Los valles de rift intracontinentales:** se separan dos placas que forman parte de una misma masa continental.

Las dorsales oceánicas:

Son cadenas montañosas submarinas, con una longitud de miles de kilómetros y con una altura sobre el nivel del fondo oceánico que oscila entre los 1500 y los 2000 metros.

En eje central longitudinal existe una gran depresión conocida como fosa tectónica o rift.

Las fracturas del fondo del rift producen una disminución de la presión sobre las rocas calientes del manto sublitosférico y causan su fusión (formación de magmas). La salida al exterior de estos magmas produce una constante actividad volcánica característica del fondo de la fosa tectónica, que aparece llena de coladas de lava recientes (nueva litosfera).

La parte superior de este magma, en contacto con el agua solidifica rápidamente en forma de basaltos almohadillados o pillow-lava. La parte inferior se enfría más lentamente y cristaliza formando rocas plutónicas (gabros y peridotitas).

La ausencia de sedimentos sobre el fondo de las fosas de las dorsales demuestra que sus rocas son muy recientes, ya que no ha habido tiempo de que nada se deposite sobre ellos. El espesor y la edad de los sedimentos depositados sobre el fondo oceánico, aumenta gradualmente cuanto más lejos se encuentran del eje de la dorsal.

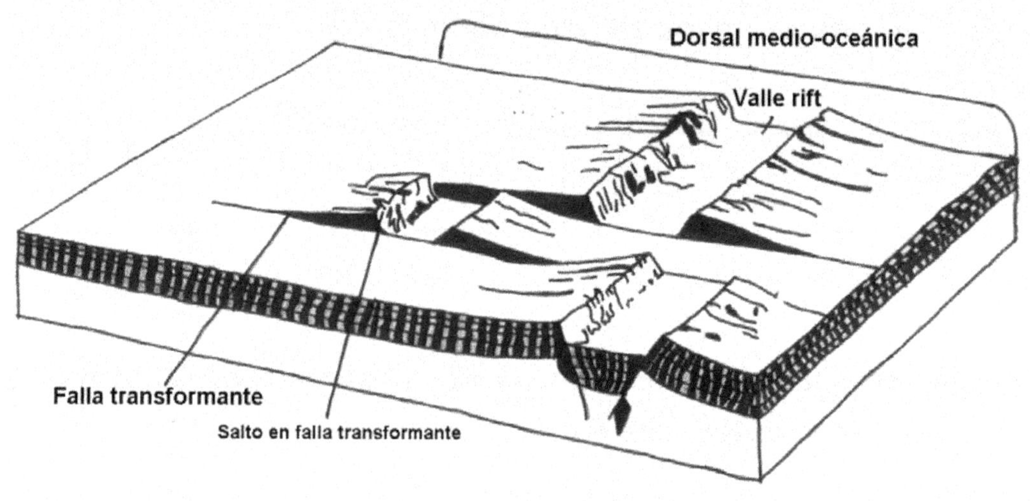

Ilustración 18. Dorsales oceánicas.

2.5.2 Los valles de rift intracontinentales:

Son grandes depresiones alargadas, con los bordes levantados y una intensa actividad volcánica en los fondos. Los fondos están formados por coladas de lava solidificada.

Uno de los más conocidos conjuntos de valles de rift intracontinentales de la Tierra es el que se formó al este de África, cuando la región se hundió y se fracturó debido al movimiento opuesto de la placa africana y la Península arábiga. Se conoce como el Rift Valley. Esta distensión ha provocado la formación de grandes lagos (Tanganika, Nyassa) y volcanes (Kenya, Kilimanjaro).

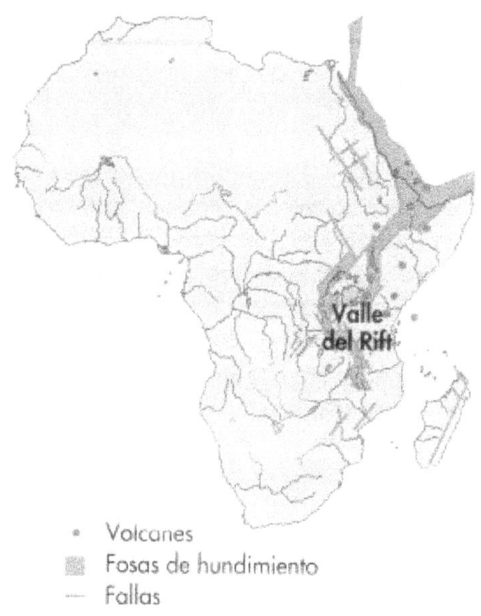

Ilustración 19. Gran Valle de Rift en el África Oriental.

En la actualidad, estos valles siguen ensanchándose y tiene una intensa actividad volcánica. Si ese valle continuase creciendo, dentro de 50 millones de años el mar lo ocuparía y dividiría a África en dos partes.

Se piensa que los bordes divergentes se originan cuando una región de un continente (formado por litosfera continental) se fractura y se hunde al ser sometido a fuerzas opuestas derivadas de los movimientos de las placas tectónicas. Como consecuencia, se forma un conjunto de valles de rift, que puede cesar y quedar abortado (si las placas a ambos lados del borde divergente dejan de alejarse) o pueden continuar su expansión y evolucionar según el proceso que se ilustra a continuación:

1) La tensión producida en una placa de litosfera continental sobre la que actúan fuerzas divergentes, la fractura a lo largo de una extensa región. Como consecuencia, en el manto subyacente se forman magmas que salen al exterior por dichas fracturas.

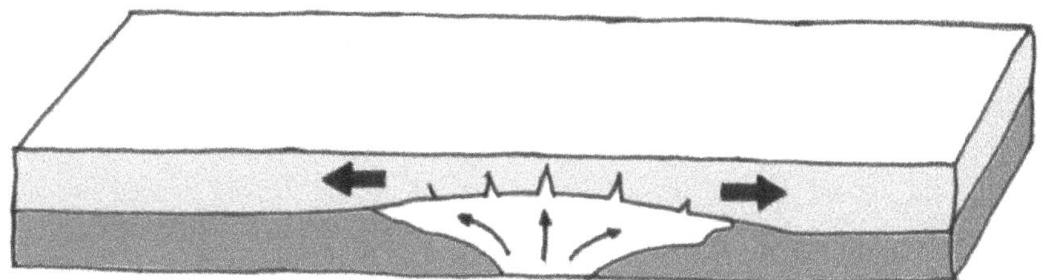

2) La región fracturada se debilita y se hunde, formando valles de rift largos y estrechos. Si la divergencia de los dos fragmentos de placa continúa, el fondo de estos valles se sigue agrietando y por las fisuras sigue saliendo el magma subyacente. De ahí el intenso vulcanismo en estas regiones.

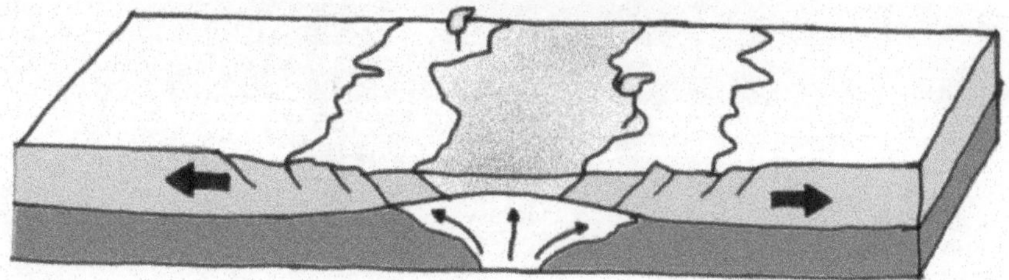

3) Si prosigue la divergencia de las placas y los valles de rift siguen activos, la zona hundida puede extenderse por sus extremos y conectar con un océano. Entonces, el conjunto de valles de rift se inunda y se forma un mar largo y estrecho, tipo Mar Rojo. En el fondo de este mar, el vulcanismo submarino continúa y comienza a formar litosfera oceánica.

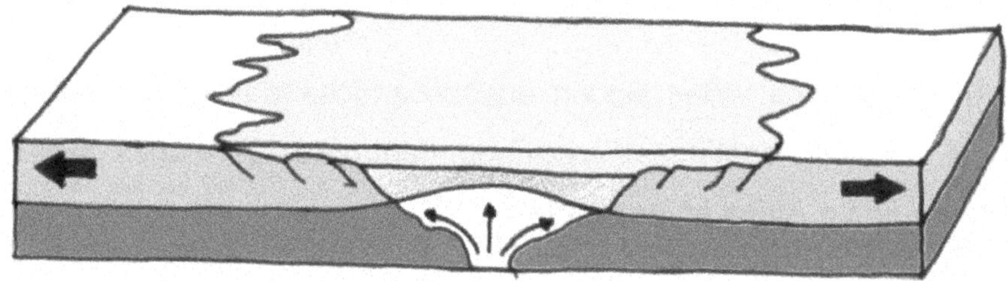

4) La continuidad del proceso anterior hace que el fondo oceánico se expanda a ambos lados del eje de fractura, en el que se forma una auténtica dorsal. Los dos fragmentos del primitivo continente se separan al mismo ritmo que se produce la expansión del océano.

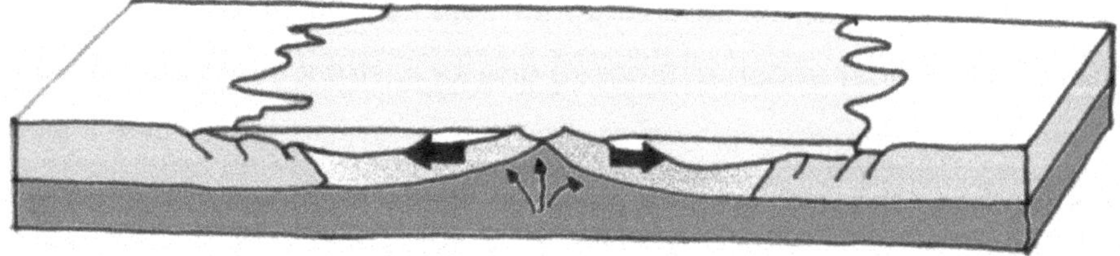

2.5.3 Dinámica de los bordes convergentes

Cuando dos placas se acercan una a la otra, la placa de mayor densidad (o menor flotabilidad) se introduce debajo de la otra, es decir se produce subducción.

En las zonas de subducción se producen enormes roces, empujes o presiones que liberan una gran cantidad de energía. Se desencadena una serie de procesos que definen las **características geológicas** de estas regiones, entre las principales destacan:

- **La formación de relieves:** consecuencia del levantamiento y de la deformación de la placa que queda en la superficie, al ser empujada por la que subduce. También puede ser por las masas de sedimentos comprimidos que se pliegan y emergen formando las cordilleras litorales.

- **La actividad sísmica:** se produce por la liberación brusca de la tensiones que se acumulan en la superficie de máxima fricción entre las placas. La mayor parte de los focos sísmicos se localiza en la superficie imaginaria, que coincide con el plano de Benioff, en la que se concentran estos hipocentros. Cuanto mayor es la velocidad de destrucción de la placa, mayor parece ser la inclinación de este plano.

- **El magmatismo:** es debido al aumento de la temperatura que se produce por el rozamiento durante la subducción. Este aumento térmico funde algunas rocas de la zona de contacto entre las placas, dando lugar a magmas, que, si ascienden hasta la superficie, formando volcanes.

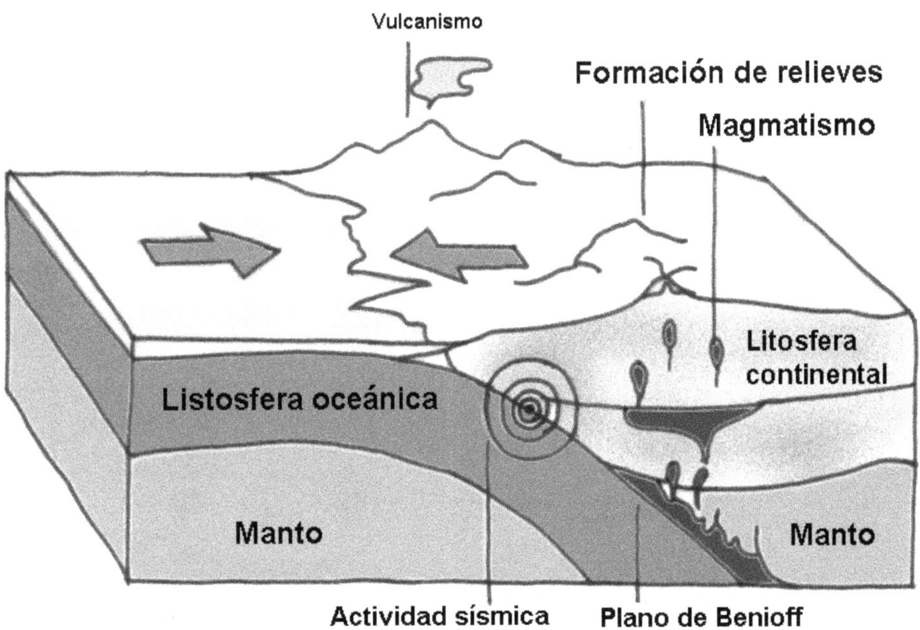

Ilustración 20. Corte transversal de la zona de subducción de dos placas que convergen.

Tipos de convergencia entre placas y sus efectos en la superficie

La forma en la que se produce la subducción en un borde convergente y los efectos que experimenta la región afectada dependen del tipo de litosfera que compone las placas que colisionan. Según esto, se pueden distinguir los tres tipos de convergencia entre placas que se describen a continuación:

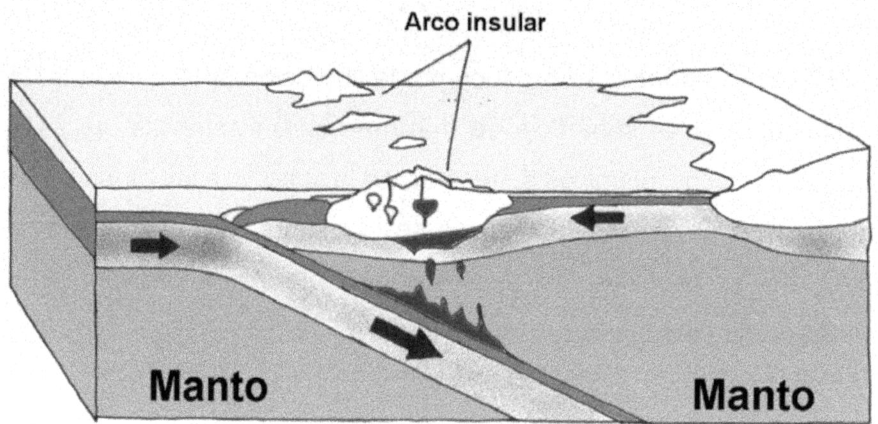

1) Convergencia entre dos placas de litosfera oceánica: la placa más antigua que se ha enfriado durante más tiempo desde su formación en una dorsal, es más densa y subduce con facilidad en el manto, en un ángulo casi vertical. Este tipo de subducción produce pocos terremotos fuertes, pero origina un vulcanismo submarino muy intenso, cuyos materiales salen al exterior en la placa que no subduce. La acumulación de estos materiales volcánicos da lugar a arcos insulares como por ejemplo los de las Marianas. Si la subducción tiene lugar muy cerca de un continente, el arco insular puede aflorar sobre la plataforma continental sumergida, delimitando un mar interior entre las islas y el continente, como por ejemplo el archipiélago de Japón.

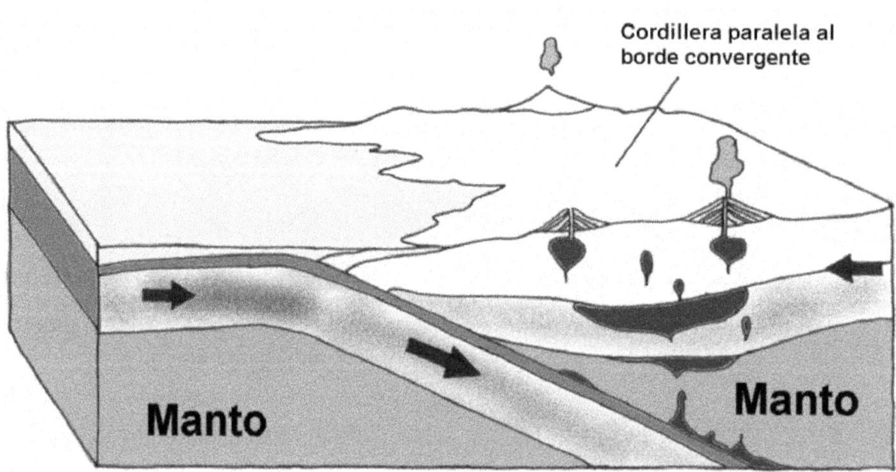

2)Convergencia entre una placa de litosfera oceánica y otra de litosfera continental: la litosfera oceánica, más densa, se introduce bajo la continental y la deforma, generando en ella una cadena montañosa paralela al borde convergente. El rozamiento de ambas placas hace que los terremotos y el magmatismo sean muy frecuentes en las regiones de este tipo. La cordillera de los Andes es uno de los ejemplos más claros de este tipo de convergencia.

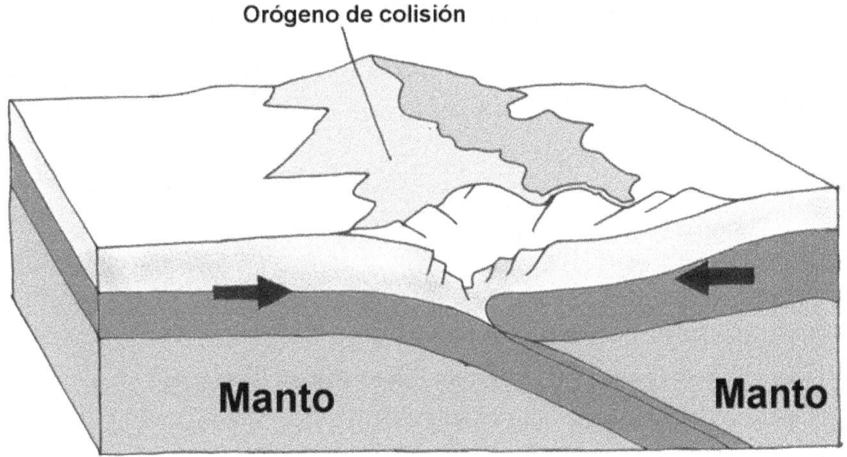

3) Convergencia entre dos placas de litosfera continental: una vez subducida la litosfera oceánica existente entre ellas, ninguna penetra en el manto debido a su baja densidad. No obstante, parece que una de ellas sí puede introducirse un poco bajo la otra, produciendo la elevación y deformación de la zona. Las cordilleras que se originan de esta forma se llaman orógenos de colisión. Representativas de este tipo son el Himalaya, los Pirineos y los Alpes. En ocasiones, fragmentos de litosfera de corteza oceánica puede obducir en vez de subducir. en estos casos, se puede observar en la superficie las rocas de la corteza oceánica, o incluso del manto superior. Estos fragmentos obducidos forman secuencias ofiolíticas, como en Chipre o Turquía.

2.5.4 Dinámica de los bordes pasivos

Es el tercer tipo de interacción entre dos límites de placas, caracterizado por el desplazamiento lateral de uno respecto del otro. En la superficie terrestre, este tipo de bordes se detecta por la presencia de grandes fracturas llamadas transformantes. La mayoría se sitúan en la litosfera oceánica pero también en la litosfera continental como *la falla de San Andrés.*

El término de bordes pasivos se aplica a estas zonas porque en ellos no se produce ni se destruye litosfera. En realidad tienen una dinámica muy activa.

Las fallas transformantes abundan sobre las dorsales, a las que cortan de forma perpendicular a su eje central. La causa de estas fracturas parece ser la distinta velocidad de desplazamiento de los diferentes sectores de las placas, ya que se mueven sobre una superficie esférica de rotación y, por tanto, con mayor velocidad lineal cuanto más lejos están del eje rotacional. Un ejemplo de estas diferencias en le velocidad de desplazamiento puede detectarse a lo largo de la dorsal centroatlántica.

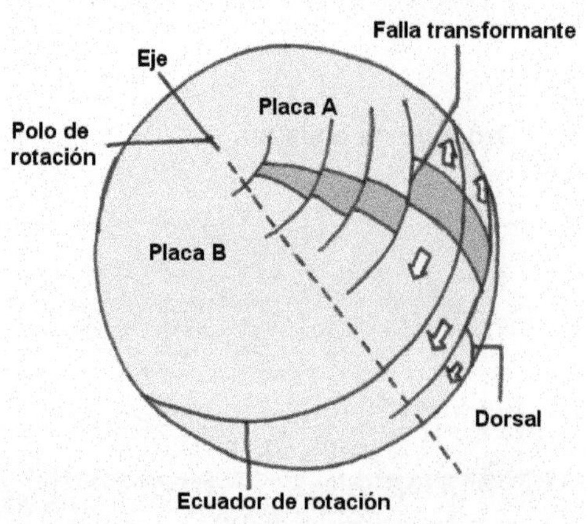

Ilustración 21. Rotación y movimiento de las placas.

También se forman fallas transformantes para facilitar la conexión de los centros de expansión de placas (dorsales) con las zonas de subducción.

Las fallas transformantes se caracterizan por una actividad sísmica de gran intensidad, debida a la gran cantidad de energía que libera el rozamiento entre las dos placas implicadas. Esto hace que sean zonas muy inestables, en donde se producen abundantes terremotos. Un ejemplo es la falla de San Andrés, que recorre California a lo largo de 970 km. Esta falla es el límite entre la placa norteamericana y la región norte de la placa pacífica. El desplazamiento lateral de estas dos placas en sentidos opuestos oscila entre 1,30 y 6,5 cm al año. Entre los terremotos con mayor actividad está: el terremoto de San Francisco de 1906 que destruyó la ciudad, el más reciente es el de 1989.

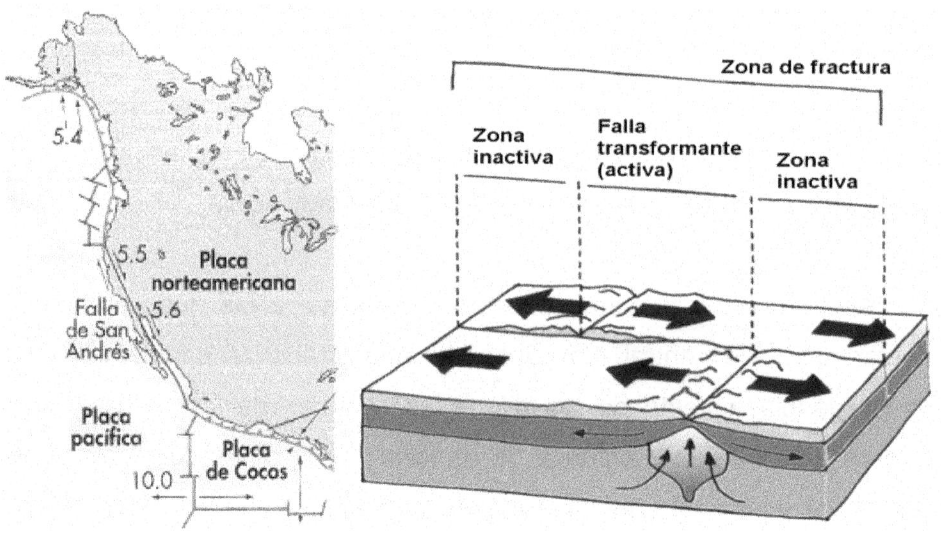

Ilustración 22. La falla de San Andrés.

2.5.5 *Dinámica del interior de las placas*

Hasta ahora, se han relacionado el magmatismo, la actividad sísmica, formación de montañas ... en los límites o bordes de las placas.

Sin embargo, existen ciertas estructuras geológicas que se originan en el interior de las placas, a veces muy lejos de los bordes. El ejemplo más característico es el de los archipiélagos de las islas oceánicas volcánicas alineadas y ordenadas según su edad como las islas Hawai y los montes submarinos del Emperador. Todas ellas son islas volcánicas cuya edad crece hacia el noroeste de la placa del pacífico y cuyo origen se justifica por la teoría del punto caliente.

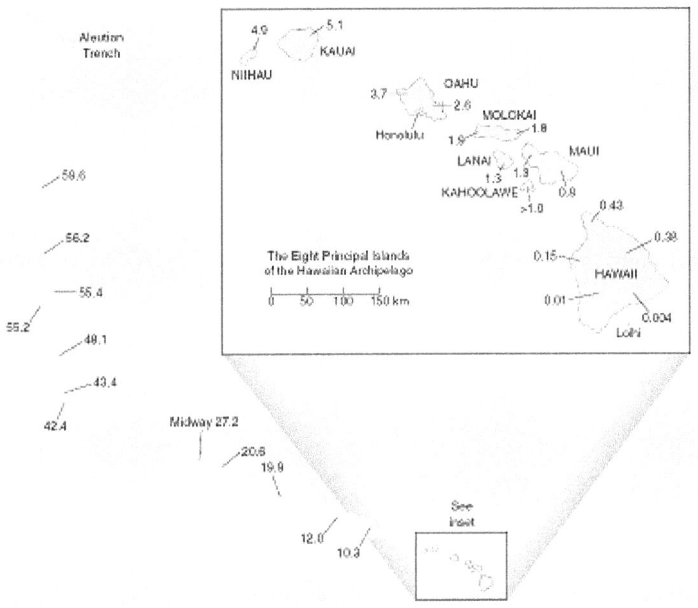

Ilustración 23. Islas Hawai.

Teoría del punto caliente

La explicación más común propone la existencia de una zona especialmente caliente en el interior de la Tierra, situada a gran profundidad, que envía materiales fundidos a la superficie, los cuales dan origen a volcanes y a islas volcánicas.

Al moverse la placa y permanecer el punto caliente fijo, las islas y los montes submarinos se van originando alineados. Las islas más antiguas que ya están lejos del punto caliente no tienen volcanes en actividad, mientras que las más jóvenes, las que se sitúan justo encima de éste, presentan un vulcanismo activo.

Los geólogos creen que un punto caliente tiene su origen en una anomalía térmica en el límite núcleo-manto, que produce el ascenso de una pluma de materiales muy calientes, sólidos pero muy plásticos, a través del manto hacia la litosfera. Cuando este material que asciende alcanza la litosfera, una parte se funde o provoca la fusión de rocas, formando magmas, que si atraviesan la litosfera oceánica aparecen islas volcánicas y si es la litosfera continental aparece un vulcanismo intenso que da lugar a mesetas de lava, en ocasiones muy extensas como en la de Deccan (India)

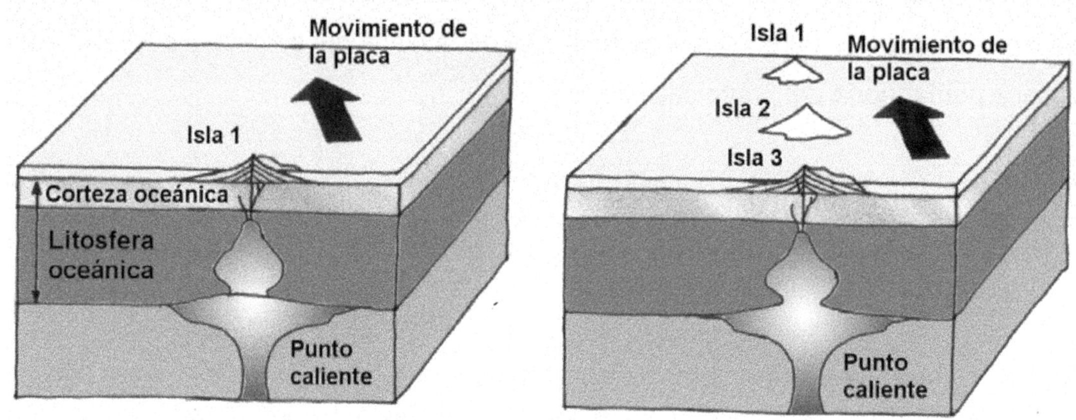

Ilustración 24. Islas Hawai y la Teoría del punto caliente.

2.6 LOS TERREMOTOS

Los terremotos o seísmos son movimientos debidos a bruscos desplazamientos o roturas de las rocas de la corteza profunda o del manto litosférico (la mayoría de los seísmos se producen a una profundidad de unos 50 km; excepcionalmente, pueden llegar a producirse hasta los 700 km). Son consecuencia de una liberación no continua de la energía acumulada en una zona por el movimiento de las placas litosféricas, por la presión ejercida por el magma ascendente de un volcán, etc.

El punto del interior de la corteza donde se produce el terremoto se denomina foco o hipocentro. Desde ese punto, las ondas sísmicas se transmiten a la superficie. El punto de la superficie más cercano al foco, que es el que se encuentra en su vertical, se denomina epicentro.

2.6.1 Efectos de los terremotos

Las vibraciones que producen los terremotos se transmiten por la superficie del terreno y ocasionan importantes alteraciones en este, como deslizamientos, hundimientos, fracturas, etc. Si el terremoto se ha producido en el mar las vibraciones originan grandes olas, llamadas tsunamis, que son muy destructivas cuando llegan a las costas.

Para medir los terremotos se utilizan dos parámetros: la magnitud y la intensidad.

- **La magnitud** es la medida de la energía liberada por el seísmo. Es un valor absoluto cuyos valores son los de la **escala de Richter**.
- **La intensidad** es una medida subjetiva de los efectos que ha causado el terremoto. La medida viene dada por la **escala de Mercalli**.

La península ibérica, como la mayor parte de las zonas que están cerca de los bordes de las placas litosféricas, presenta una sismicidad importante debido al choque entre la placa euroasiática contra la africana.

Escala de Richter. Efectos cerca del epicentro

- < 2,0 No sentido, pero se registra.
- 2,0– 2,9 Potencialmente perceptible.
- 3,0 – 3,9 Es sentido por algunos.
- 4,0 – 4,9 Sentido por la mayoría.
- 5,0 – 5,9 Produce daños.
- 6,0 – 6,9 Destrucción en regiones bastante pobladas.
- 7,0 – 7,9 Terremotos importantes. Gran destrucción
- ≥8 Grandes terremotos. Destrucción extensa.

Magnitud del terremoto y equivalencia de energía (ergios)

<1	$6,3\ 10^{11}$ 0,5 kg de explosivo.
1	$2,0\ 10^{13}$
2	$6,3\ 10^{14}$ Energía emitida por un relámpago.
3	$2,0\ 10^{16}$
4	$6,3\ 10^{17}$ 500 kg de explosivo.
5	$2,0\ 10^{19}$
6	$6,3\ 10^{20}$ Prueba atómica en Bikine (1946)
7	$2,0\ 10^{22}$
8	$6,3\ 10^{23}$ Terremoto de San Francisco (1906)
9	$2,0\ 10^{25}$ Terremoto de Chile (1960)

Escala de intensidad sísmica de Mercalli

I. No es sentido excepto por algunas personas.

II. Sentido únicamente por algunas personas en reposo o en pisos elevados.

III. Sentido con nitidez en interiores y en pisos elevados. Algunas personas no lo reconocen como un terremoto.

IV. Durante el día es sentido por la mayoría de las personas que están en interiores. En exteriores lo reconocen muy pocas.

V. Sentido por casi todo el mundo. Las personas se despiertan. Pueden observarse cambios en postes, árboles y objetos altos.

VI. Es sentido por todos. Algunos muebles se mueven. Pocos daños.

VII. Todo el mundo corre a la calle. Pánico. Pocos daños en edificios bien construidos, muchos en edificios de materiales pobres o con malas estructuras.

VIII. Daños en edificios. Caída de muros, chimeneas, columnas, monumentos, etc. Daños en estructuras bien diseñadas. Los edificios son desplazados de sus cimientos. Se abren grietas en el suelo.

IX. Se destruyen estructuras de madera bien construidas. La mayoría de estructuras

X. de albañilería y madera son destruidas. Se abren muchas grietas en el suelo.

XI. Quedan en pie muy pocas estructuras. Se destruyen los puentes. Aparecen grandes fisuras en el terreno.

XII. Destrucción total. Se ven ondas en el suelo. Los objetos son lanzados al aire.

2.7 VULCANISMO

Como se indicó anteriormente, el vulcanismo también está relacionado con los bordes de las placas litosféricas, aunque puede producirse en su interior.

La peligrosidad de una erupción esta relacionada con su explosividad. La explosividad de un magma depende de la viscosidad del mismo (contenido en sílice) y de su contenido en gases. Cuanto más alta sea la viscosidad de una lava más alta es su explosividad.

Si el magma es viscoso y muy rico en gases, explota violentamente, lanzando al aire fragmentos de magma líquido y rocas arrancadas del conducto por el que sale al exterior.

En la Península la actividad volcánica no existe, si bien quedan restos de un vulcanismo geológicamente reciente, de hace unos pocos millones de años. Las zonas volcánicas ya extinguidas en España se sitúan en: Olot (Gerona), Campos de Calatrava (Ciudad Real), sur de Murcia y cabo de Gata (Almería).

Las islas Canarias son islas volcánicas cuyo origen no está aún esclarecido. En ellas han existido erupciones hasta hace muy pocos años. Todas las islas, excepto la Gomera, han tenido actividad volcánica en los últimos 500 años.

Una de las erupciones más espectaculares se produjo entre 1930 y 1936 en la isla de Lanzarote, en la zona de Timanfaya. La última ha tenido lugar en 1971en la isla de La Palma, en el volcán Teneguía.

La isla de Tenerife y la isla de La Palma tienen una red de observación para prevenir nuevas erupciones.

3 MANIFESTACIONES DE LA DINÁMICA LITOSFÉRICA

El calor que se genera en el interior de la Tierra es el causante de la dinámica interna. Este calor interno combinado con la presión, origina materiales fundidos o transforma unas rocas en otras, para que sus minerales estén en concordancia con las nuevas condiciones termodinámicas.

Debido a este calor interno se crea la corteza oceánica, se mueven las placas litosféricas y se forman las montañas. Como consecuencia de esta dinámica, se deforman rocas, que se pliegan y pueden llegar a romperse.

Desde que se produjo el nacimiento de nuestro planeta se vienen produciendo estos fenómenos de una manera continua y, en algunos casos, cíclica.

3.1 LOS FENÓMENOS MAGMÁTICOS

El magmatismo es el conjunto de procesos que tienen lugar en el ambiente petrogenético magmático. Comprende tanto los procesos responsables de la fusión de las rocas y la formación de los magmas como los que participan en la consolidación y cristalización de los minerales de dichos magmas, para constituir las rocas magmáticas.

3.1.1 El magma. Su origen. Solidificación y cristalización

La formación de los magmas

Un **magma** es un fundido en el que se encuentra a temperaturas superiores a los 700ºC, de composición esencialmente silicatada (tetraedros de silicio, aluminio y oxígeno, junto con cationes metálicos como hierro, magnesio, calcio o sodio) en el que existen cristales y ocasionalmente fragmentos de roca, así como una proporción de gases y vapor de agua en disolución.

Resulta de la fusión de las rocas del manto superior y de la corteza debido a fenómenos como un aumento de la temperatura (por concentración de elementos radiactivos o por fricción entre placas litosféricas), una disminución de la presión (disminuye la temperatura de fusión de los minerales y aumenta el volumen) o la presencia de fluidos en las rocas, principalmente agua (que debilitan o rompen las uniones Si-O entre los elementos que componen los minerales y aumenta la movilidad de estos y reduce las temperaturas de fusión).

Con este proceso el planeta libera calor, y produce nuevos materiales de la corteza que se añaden a la anterior, por lo que los procesos magmáticos coinciden con la destrucción y creación de la litosfera: la energía que producen los magmas, es la misma que produce el movimiento de las placas.

La consolidación magmática. Solificación y cristalización

Al mismo tiempo que asciende y hasta su emplazamiento en la corteza o su salida a la superficie, el magma inicia un proceso simultáneo de cristalización y de evolución, del que resultarán las rocas magmáticas.

Cuando el magma se enfría, los compuestos que contiene reducen su energía y, consiguientemente, disminuye su movilidad. Entonces comienzan a ensamblarse entre sí, constituyendo estructuras cristalinas ordenadas, que serán núcleos de nuevos cristales. Cuando concluye este proceso de **cristalización**, el magma se habrá transformado en una masa sólida de cristales minerales de diferentes especies, dispuestos según una determinada textura, es decir, una roca magmática.

El enfriamiento del magma puede ocurrir de dos formas diferentes:

- **Lentamente y en el interior de la litosfera**. Produce una cristalización progresiva en diferentes series de minerales (cristalización fraccionada), que, al formarse lentamente, forman cristales grandes. Así se forman las llamadas **rocas ígneas intrusivas o plutónicas**.
- **Rápidamente y en la superficie**. Cuando el magma, aún fluido, sale al exterior a través de un volcán, el enfriamiento es tan rápido, que los cristales no tienen tiempo de crecer y son muy pequeños. Este proceso da lugar a las **rocas ígneas efusivas o volcánicas**.

Debido a la diversidad química del magma y a que los diferentes minerales que puede formar tienen puntos de fusión diferentes, la cristalización de un magma se lleva a cabo de forma fraccionada. Esto hace que la composición inicial del magma evolucione a lo largo de todo el proceso de cristalización.

El orden en el que han cristalizado los minerales que forman las rocas, pueden reconocerse porque los primeros tienen sus caras bien formadas, los constituidos posteriormente envuelven a los primeros y los últimos ocupan los intersticios que van quedando. Los estudios en la formación de las rocas ígneas han permitido conocer que existe regularidad en el orden de aparición de los minerales fundamentales, mientras que las experiencias en el laboratorio han permitido conocer la secuencia de cristalización en las rocas ígneas.

Series de cristalización de Bowen

El conocimiento de cómo se realiza la consolidación de un magma es poco preciso, porque nunca se sabe exactamente su composición y la presión y temperatura a las que se encuentra. El caso mejor estudiado es el del magma básico, debido a los experimentos de fusión artificial de rocas que realizó Bowen.

Desde 1928 hasta la actualidad se aceptan los modelos que propuso Norman **Bowen** para explicar la cristalización y la evolución de los magmas.

Según este científico, los minerales de un magma no cristalizan todos al mismo tiempo. Bowen demostró que un magma básico (entre un 45 y un 52% de sílice), los minerales que se forman son distintos desde el principio al final. Si diferenciamos los minerales en oscuros (melanocratos) y en claros (leucocratos), el orden de formación en los melanocratos es: el primer mineral que cristaliza es el olivino y posteriormente, a medida que disminuye la temperatura va cristalizando los restantes (piroxenos, anfíboles y biotita).

El orden de formación en los leucocratos es:

1º Anortita.

2º Plagioclasas calcosódicas

3º Plagioclasas sódicas (albita)

4º Feldespatos potásicos

5º Cuarzo

Una vez formados, los primeros minerales (olivino y anortita) tienen dos opciones: cambiar su composición química de una forma progresiva (serie de reacción continua) o reaccionar con el líquido magmático y originar otro mineral con otra estructura más complicada (serie de reacción discontinua).

Según Bowen, un magma inicialmente rico en olivino y en plagioclasas cálcicas podría llegar a ser un magma rico en cuarzo, moscovita y feldespato potásico, es decir podría llegar a ser un magma granítico.

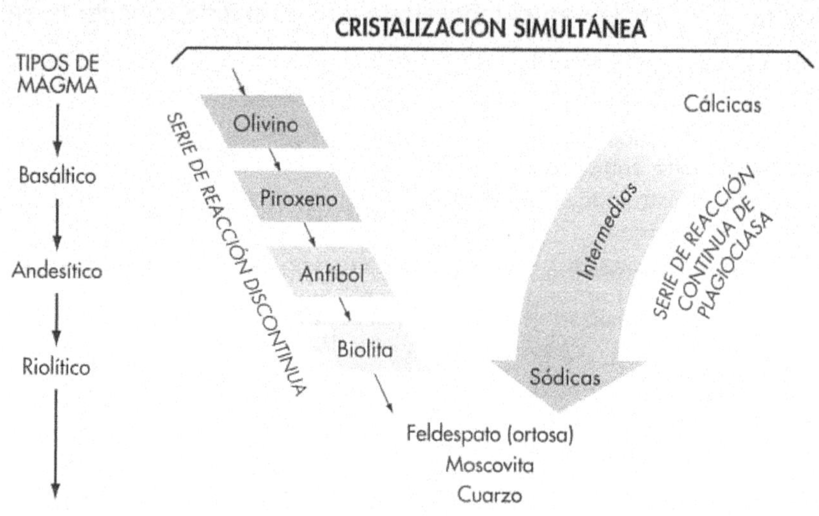

Ilustración 25. Serie de cristalización de Bowen.

En la actualidad se tiene una visión de esta serie más crítica que hace algunos años. Por un lado, solamente se puede desarrollar en magmas basálticos poco profundos, en los que se formará cuarzo si existe sílice abundante al final del proceso; por otra parte, el hecho de que la formación de un mineral implique la desaparición del anterior es contrario a las observaciones realizadas sobre rocas, ya que en estas coexisten varios minerales al mismo tiempo.

Evolución del magma en la cámara magmática.

La evolución que sufre un magma durante su consolidación en la cámara magmática se produce por alguno de estos procesos:

- **Diferenciación por gravedad**: es el proceso que tiene lugar cuando los primeros cristales formados caen al fondo de la cámara magmática, el fluido restante se vuelve deficitario de este mineral.

- **Migración del fluido o de los gases magmáticos**: debido a la presencia a que está sometido el magma, algunos líquidos o gases pueden emigrar hacia zonas superiores, lo que hace que el magma cambie su composición.

- **Asimilación**: es un proceso por el cual el magma, en su migración hacia la superficie, se contamina y cambia su composición al fundir e incorporar rocas de distinta composición a la suya.

- **Mezcla de magmas**: en ocasiones se ponen en contacto magmas de distinta composición y se combinan.

3.1.2 Localización de los procesos magmáticos relacionados con la Tectónica de placas

El magmatismo se produce en aquellas regiones de la litosfera en las que la dinámica de las placas crea unas condiciones apropiadas. Así, el 80% de los magmas se origina en los bordes constructivos (en la dorsales), y el resto, en las zonas de subducción. Una pequeña proporción se forma en el centro de las placas, en los denominados puntos calientes.

Límites constructivos

Hay un magmatismo intenso en las dorsales que puede explicarse como un efecto de la descompresión del material del manto que asciende por convección en estado sólido (fusión incipiente). Al perder presión en las fracturas se producirá la fusión total.

El magmatismo es de tipo **toleítico,** es un magma basáltico del que se supone que se forma por fusión de peridotitas en zonas poco profundas, unos 15 a 30 km.

La estructura de las formaciones ígneas se disponen de más superficiales a más profundas:

- una capa de **lavas almohadilladas** (pillow-lavas), con espesores entre centenares de metros a 2 km.
- Un complejo de **diques basálticos**, de espesor entre decenas de metros y 1.5 km.
- Un complejo de **gabros masivos**, de espesor muy variable, químicamente muy parecidos a los basaltos de los diques suprayacentes.

- Un complejo de **rocas máficas y ultramáficas bandeadas**, parecen debidas a la decantación de minerales de la cámara magmática. Su espesor entre 1 y 6 km.

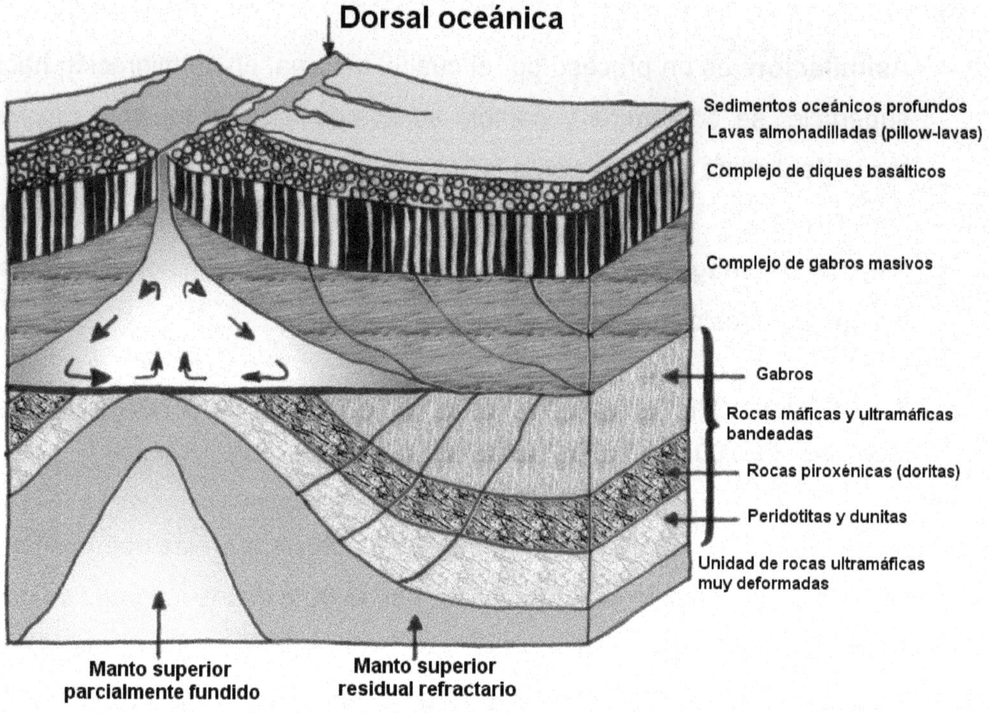

Ilustración 26. Suite ofiolítica.

En rift continentales y dorsales incipientes, el magmatismo tiene carácter típicamente **alcalino**, lo que puede ser debido a distinta procedencia del magma, a contaminación cortical o diferente tasa de fusión de las rocas del manto.

Límites destructivos

En los límites destructivos se produce la colisión entre placas, una de ellas subduce, y los magmas que se producen se debe a la fusión de las cortezas continental y oceánica a profundidades entre los 100 y 150 kms.

En las zonas de subducción, el aporte de calor debido a las fricciones y la adición de agua de la propia litosfera que subduce, rebajan el punto de fusión de material del manto que queda por encima.

El magmatismo orogénico es típicamente **calcoalcalino**, y tanto más ácido cuanta mayor es la contribución continental en la producción de magmas. Forman rocas como la andesita y la riolita. En otras ocasiones forman magmas graníticos procedentes de rocas graníticas y metamórficas ya existentes en la corteza continental.

Límites pasivos

En los límites pasivos, las fallas transformantes, no hay magmatismo importante, mientras que en zonas muy localizadas del interior de las placas, como islas oceánicas o regiones del interior de los continentes si ocurren procesos magmáticos importantes.

Magmatismo intraplaca

Este magmatismo se explica como formado en antiguos límites de placa o en los "puntos calientes" que emiten magmas de gran profundidad procedentes de zonas del manto, situadas en contacto con el núcleo externo. El magmatismo típico es de carácter **alcalino**, es un magma basáltico más pobre en sílice que el toleítico y más rico en metales alcalinos (especialmente sodio y potasio), proviene de la fusión de peridotitas del manto a profundidades entre los 50 y 70 kms. (a veces se encuentra este tipo de magmatismo en los bordes constructivos)

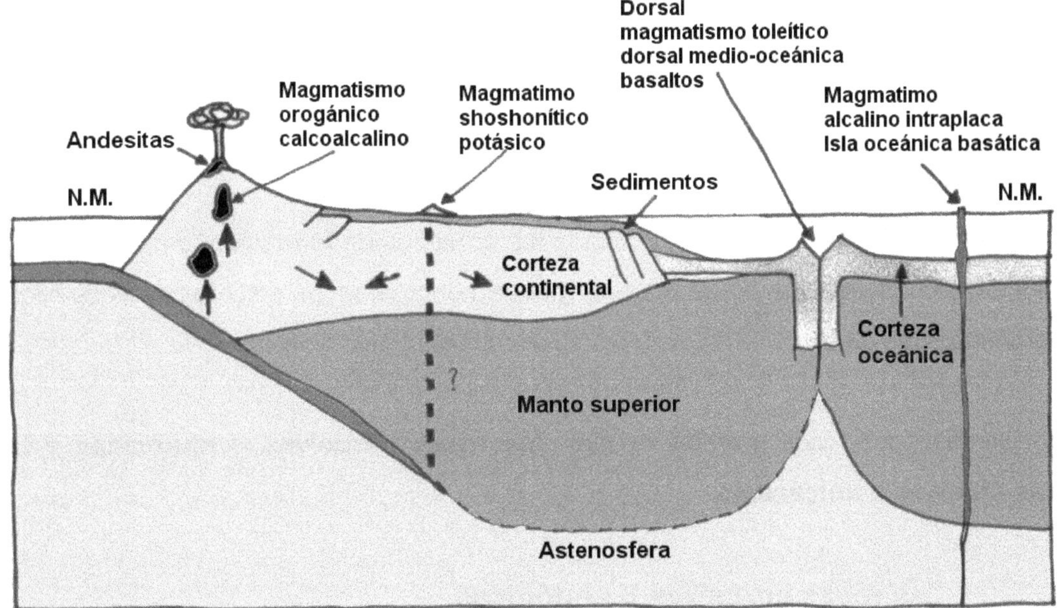

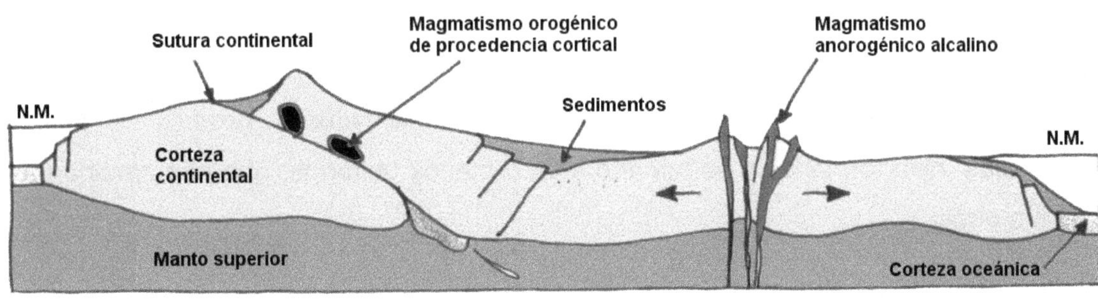

Ilustración 27. Encuadre geotectónico de distintos tipos de magmatismo.

3.1.3 Los minerales magmáticos

El 90% de los magmas está constituido por unos pocos minerales pertenecientes al grupo de los silicatos. La unidad estructural básica de estos minerales está formada por cuatro átomos de oxígeno situados en los vértices de un tetraedro regular, rodeando a un átomo de silicio tetravalente. Los tetraedros pueden permanecer independientes o unirse entre sí compartiendo uno, dos , tres o los cuatro oxígenos. En función de estas variaciones, se forman estructuras diferentes, que pueden agruparse como indica el cuadro siguiente:

GRUPO	ESTRUCTURA	EJEMPLOS
Nesosilicatos	Tetraedros aislados, unidos mediante cationes de elementos metálicos.	Olivino
Sorosilicatos	Parejas de tetraedros que comparten un oxígeno.	Hemimorfita
Ciclosilicatos	Varios tetraedros unidos en forma de anillo (comparten dos oxígenos).	Berilo y turmalina
Inosilicatos	Cadenas de tetraedros que pueden ser simples(comparten dos oxígenos) o dobles (comparten tres oxígenos).	Piroxenos y anfíboles
Filosilicatos	Capas o láminas de tetraedros que comparten tres oxígenos.	Micas
Tectosilicatos	Tetraedros que comparten todos los átomos de oxígeno, formando armazones tridimensionales.	Feldespatos y cuarzo

3.1.4 Las rocas magmáticas

En función de cómo se hallan desarrollado los procesos de formación, emplazamiento, evolución y consolidación de un magma, pueden originarse los distintos tipos de rocas magmáticas que existen.

Así , se distinguen dos grandes grupos: **las rocas intrusivas o plutónicas** y **las rocas efusivas o volcánicas**.

Las rocas intrusivas o plutónicas

Se originan en un proceso de consolidación muy lento, lo que proporciona mucho tiempo para que cristalicen los componentes del magma, formando minerales. Por eso las texturas características de estas rocas son entramados o mosaico de cristales minerales, bien formados y de tamaño más o menos uniforme, que han crecido unos contra otros.

Algunas de las rocas intrusivas más abundantes son:

- **Granito**: es el más abundante, tiene un 70% de sílice, está constituido por un alto porcentaje de cuarzo y feldespatos (más ortosa que plagioclasa) y en menor proporción, por micas (moscovita y biotita) y anfíboles.
- **Granodiorita**: solo se diferencian del granito en que tienen algo menos de cuarzo y una proporción de plagioclasa mayor que la ortosa.
- **Diorita**: contiene mucho menos cuarzo que las anteriores y en su lugar tiene más cantidad de plagioclasas y minerales, como la biotita, los anfíboles y los piroxenos, que da a estas rocas un color más oscuro.
- **Gabro**: roca sin cuarzo, con bastante plagioclasa y con una gran abundancia de piroxenos, que da a esta roca un color gris oscuro.
- **Peridotita**: no tiene cuarzo y apenas feldespato. En cambio, se componen fundamentalmente de olivino, piroxenos y anfíboles.

Las rocas efusivas o volcánicas

Se originan cuando un magma alcanza la superficie, pierde muchos de esos gases y sale violentamente al exterior en forma de lava, que se enfría y se consolida rápidamente, de manera que sus componentes apenas tienen tiempo de cristalizar. Por eso las texturas de estas rocas son microcristalinas o incluso carecen de cristales y tienen aspecto de vidrio. A veces presentan cristales grandes aislados, de formas geométricas muy marcadas, formados previamente en el magma durante su ascenso.

Entre las principales rocas volcánicas destacan las siguientes:

- **Riolita**: con composición similar a la del granito, pero tiene génesis volcánica y textura microcristalina.
- **Andesita**: su composición es equivalente a la de la diorita. Tiene textura microcristalina, que, a menudo, engloba algunos cristales grandes aislados (textura porfídica).
- **Basalto**: es la roca volcánica más abundante. Su composición es semejante a la del gabro, pero con cristales diminutos.

3.1.5 Yacimientos minerales asociados al magmatismo

El ambiente magmático es muy propicio para proporcionar acumulaciones de minerales de interés económico, llamadas yacimientos magmáticos, que se originan al mismo tiempo que los minerales petrogenéticos en las distintas fases de la consolidación y evolución de los magmas.

Los yacimientos magmáticos pueden ser: ***metálicos o no metálicos.***

En los **yacimientos no metálicos** se explotan generalmente minerales que forman rocas como cuarzo, olivino o feldespatos. Para que constituyan realmente un yacimiento su concentración y pureza debe ser alta. También se puede incluir dentro de los yacimientos no metálicos los de piedras preciosas o semipreciosas (los diamantes en las kimberlitas).

En los **yacimientos metálicos**, en general los metales de uso industrial (Zn, Cu, Sn, Pb, W, Cr, Au, Pt ...) no tienen cabida en las redes de los silicatos. Algunos como el Ni pueden sustituir al Fe en las redes de olivino, pero la mayoría forman óxidos que se concentran en las cámaras magmáticas o en líquidos residuales y precipitan.

Los yacimientos magmáticos pueden ser volcánicos o plutónicos.

Los **yacimientos volcánicos** se pueden desarrollar en:

- Ambientes relativamente someros , como los yacimientos de Río Tinto en Huelva.
- Ambientes profundos, en los cuales las acumulaciones metálicas se presentan entre capas de pillow-lavas.
- En las chimeneas volcánicas, como las kimberlíticas en las que se acumulan los diamantes (son brechas formadas en profundidad en erupciones violentas).

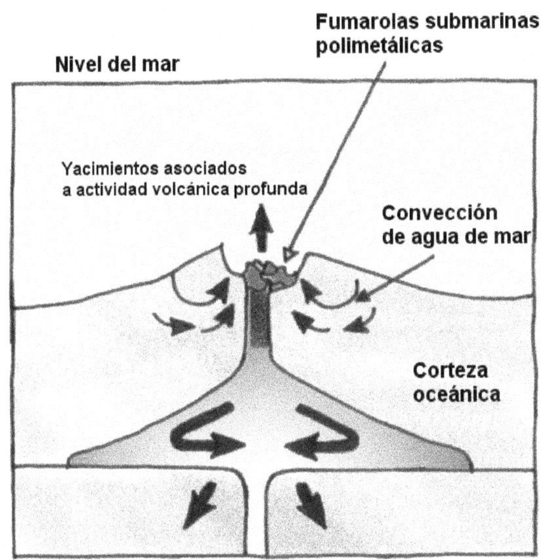

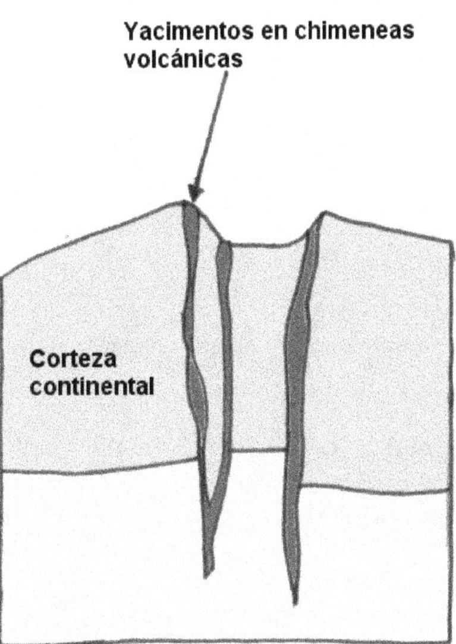

Ilustración 28. Yacimientos volcánicos.

Los **yacimientos plutónicos** se han agrupado tradicionalmente en función de la etapa de consolidación magmática con las que se relaciona la mineralización:

- Yacimientos **ortomagmáticos**: en los cuales los minerales se pueden encontrar diferenciados en niveles en la secuencia magmática, diseminados en la masa magmática o inyectados a altas temperaturas en filones o grietas profundas.
- Yacimientos **pegmatítico-pneumatolíticos**: la mineralización se asocia a los diques de pegmatitas o aplitas tardías, o a filones pneumatolíticos. En ocasiones la mineralización forma un enrejado característico que en minería se conoce como Stockwork. Son de este tipo los yacimientos del oeste peninsular: Salamanca, Zamora.

- Yacimientos **hidrotermales**: mineralizaciones por circulación de aguas calientes a bajas temperaturas en grietas y fisuras. Si la mena forma un nivel continuo que rellena el dique, se habla de filones; si cristaliza en poros y huecos, se habla de impregnaciones. Son filones de baja temperatura los yacimientos de Pb de Linares o La Carolina.

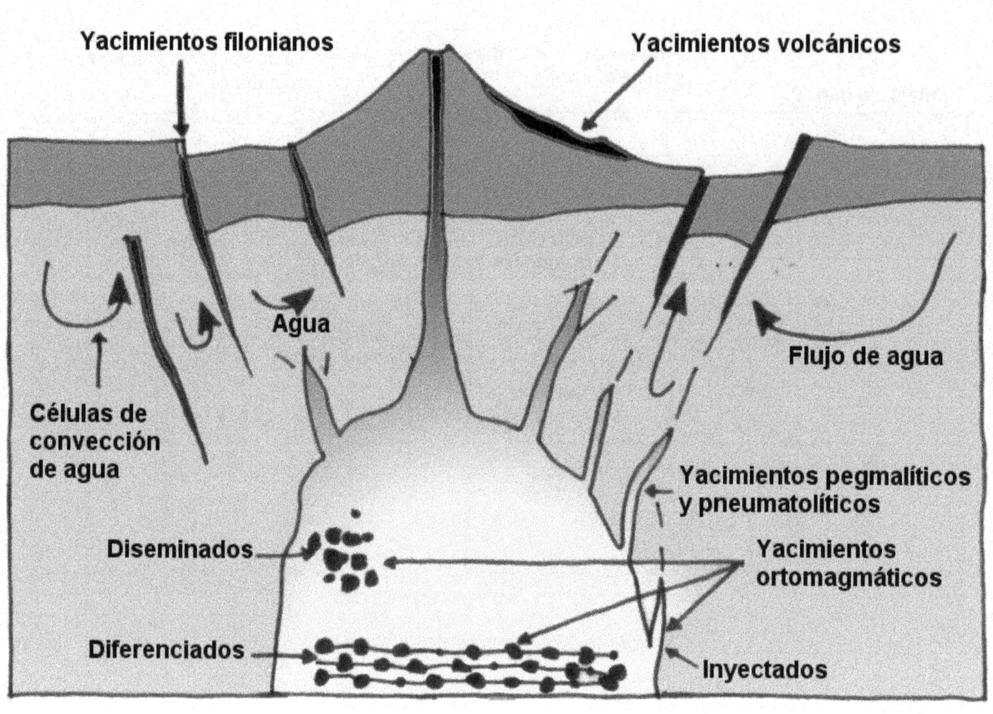

Ilustración 29. Yacimientos volcánicos y plutónicos.

3.2 METAMORFISMO

El metamorfismo es un conjunto de procesos que afecta a rocas ya existentes en la litosfera y, sin destruirlas, produce cambios en su composición mineralógica y en su disposición interna. El resultado de estos procesos son las rocas metamórficas, que tienen características propias pero que suelen conservar rasgos de la roca original.

Las condiciones del ambiente metamórfico afectan a las rocas produciendo cambios simultáneos en uno o varios de estos aspectos: su textura, su estructura y su composición mineralógica.

3.2.1 Tipos de metamorfismo. Localización del metamorfismo en relación con la Tectónica de placas

Dado que los principales factores que intervienen en el metamorfismo son la temperatura, la presión y la acción de los fluidos. La clasificación del metamorfismo se realiza en función del origen de estos factores y de la intensidad con la que cada uno de ellos actúa. Según esto, se distinguen los cinco tipos principales de metamorfismo.

En general el metamorfismo puede afectar a cualquier roca de la litosfera que alcance las condiciones propias de este ambiente: aumento de la temperatura, de la presión o de ambos factores a la vez, todo ello con o sin la presencia de fluidos (aguas termales) y a lo largo de largos períodos. Estas condiciones se producen en regiones de la litosfera sometidas a esfuerzos tectónicos intensos, situadas alrededor de bolsas de magma muy calientes o enterradas bajo capas de sedimentos hasta alcanzar profundidades con mayor presión y temperatura. Todas ellas son zonas de la litosfera muy activas, lo que hace pensar que existe una estrecha relación entre el metamorfismo y la dinámica de las placas litosféricas.

1) **Metamorfismo de enterramiento**: el factor determinante es la presión, que actúa en la vertical debido a la fuerza de gravedad. La simple acumulación de sedimentos en una cuenca hace que los más profundos estén sometidos a una mayor presión y a un aumento de la temperatura. Las roca así afectadas experimentan un grado de metamorfismo bajo. Metamorfismo característico de algunas cuencas con hundimiento progresivo que hace que se acumulen series de sedimentos. Se produce en los bordes continentales inactivos.

2) **Metamorfismo de presión o dinamometamorfismo**: se origina cuando la presión dirigida es el factor dominante. Ocurre en las fallas transformantes oceánicas y en las de desgarre de los continentes. Así en zonas de falla o fractura con fuertes movimientos entre los bloques se originan grandes presiones que trituran las rocas y las metamorfizan. Si la roca queda triturada y pulverizada, con un tamaño de grano muy fino, se denomina **milonita**.

   Cuando el tamaño de grano es mayor y la roca está formada por fragmentos de la roca de los bloques de falla englobados por una fina matriz que los une, la roca se denomina **brecha de falla**.

3) **Metamorfismo de contacto**: el factor condicionante es la temperatura, por lo que se denomina también metamorfismo **térmico**. Se origina cuando el magma en ascenso calienta las rocas que lo rodean (rocas encajantes), cuyos minerales recristalizan y se transforman en otros. Alrededor de este cuerpo intrusivo se genera una zona de metamorfismo denominada aureola metamórfica. Su tamaño y su intensidad depende de la magnitud del cuerpo

intrusivo y de la temperatura que tenga. La **sillimanita** es el mineral que se encuentra más cerca de este cuerpo intrusivo, las rocas producidas se conocen como **corneanas**. Metamorfismo propio y exclusivo de las partes altas de la corteza continental, preferentemente en zonas de orogénesis, en ocasiones puede darse en dorsales oceánicas donde llegan magmas ascendentes.

4) **Metamorfismo de regional**: los factores actuantes son el tiempo, la presión y la temperatura. Este metamorfismo afecta a grandes áreas de la corteza terrestre, situadas tanto en zonas de subducción como en las zonas de colisión de cualquier tipo de orógeno o límites de placas destructivos. Dentro de este tipo podemos distinguir:

   a) **Metamorfismo de alta presión y baja temperatura:** se produce en la zona de subducción situada bajo la fosa oceánica. La presión se debe a la convergencia de las placas que chocan.

   b) **Metamorfismo de alta temperatura y baja o media presión:** es el que se produce sobre el plano de Benioff, donde la fricción y fusión parcial de la capa subducente en el manto, genera altas temperaturas que originan procesos magmáticos y metamórficos.

5) **Metamorfismo de hidrotermal o metasomatismo**: en el que se produce un cambio en la composición química de la roca que lo sufre. Se origina cuando el agua cargada con elementos diversos, proveniente de zonas especialmente calientes o aportada por los magmas, circula por el interior de las rocas. Esta circulación puede provocar reacciones al atravesar las rocas y cambiar, a veces drásticamente, su composición. Así se forman nuevas rocas con una composición muy distinta a las antiguas.

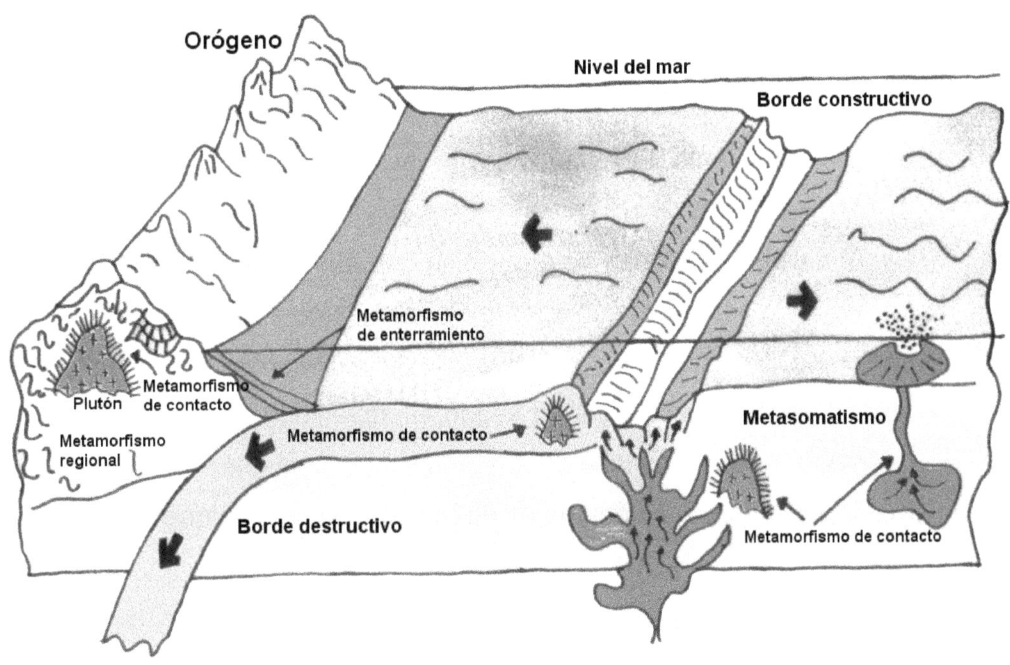

Ilustración 30. Localización de los distintos tipos de metamorfismo en relación con las zonas definidas por las placas litosféricas.

3.2.2 Minerales metamórficos

Aunque , en general, los minerales mayoritarios de las rocas metamórficos son los mismos que los de las ígneas, las rocas metamórficos tienen algunos minerales peculiares, propios de las nuevas condiciones de presión y de temperatura que las han dado origen. Destacan:

- La **andalucita**, la **sillimanita** y la **cianita**, poseen la misma fórmula química (Al_2SiO_5) pero distinta estructura.
- Los **granates**: son un conjunto de silicatos de hierro.
- La **estaurolita**: es un aluminosilicato de hierro hidratado.
- La **clorita**: estructura parecida a la biotita.

3.2.3 Rocas metamórficas

Las rocas metamórficas son muy diversas debido a las propias características del proceso metamórfico. Para clasificarlas, se pueden emplear varios criterios: como el que se basa en la composición mineralógica es bastante complejo, se establecerán dos grandes grupos de rocas metamórficas en función de si presentan estructura foliada o no foliada.

Rocas con estructura foliada

Las rocas que presentan foliación se originan en procesos metamórficos en los que la presión es el factor dominante. Las principales rocas son:

- **Las pizarras**: son rocas de grano fino con sus minerales orientados según finos planos paralelos, que definen los planos de fractura por donde la roca se rompe. Se suelen originar a partir de sedimentos arcillosos o cenizas volcánicas. Los colores varían según el contenido en hidrocarburos, óxidos de hierro u otros minerales. En ocasiones contienen fósiles, ya que el metamorfismo que las origina es de tan baja intensidad que no los destruye.

- **Las filitas**: son parecidas a las pizarras aunque tienen un grano más grueso y una pizarrosidad más grosera. Tienen un brillo más intenso debido a los cristales de mica. Derivan de las mismas rocas que las pizarras, pero se forman por metamorfismos más intensos.

- **Los esquistos**: tienen un grano más grueso que las filitas, con cristales fácilmente visibles con una lupa. La orientación de sus minerales originan planos de esquistosidad. Su composición es muy variada y se denominan esquistos micáceos si tienen abundante mica.

- **Los gneises**: el grano de estas rocas se aprecian a simple vista, y la orientación de estos cristales produce bandas muy destacadas de color claro (feldespatos y cuarzo) y oscuro (biotita). El grado de metamorfismo que da origen a estas rocas es muy alto.

Rocas con estructura no foliada

Las rocas sin foliación se originan en procesos metamórficos fundamentalmente térmicos y a presiones moderadas, como ocurre en el metamorfismo de contacto. Por esta razón, sus minerales forman cristales relativamente grandes y regulares, que apenas presentan orientación. Las rocas con este tipo de textura y estructura se confunden fácilmente con las rocas magmáticas e incluso con las sedimentarias. Las más importantes son:

- **Las cuarcitas**: proceden de la recristalización, por metamorfismo, de los granos silíceos que componen las areniscas cuarcíferas. El resultado es una roca compuesta casi exclusivamente por cristales de cuarzo, agrandados por la recristalización y muy compactados. Son rocas muy duras y resistentes a la erosión.

- **Los mármoles**: se forman a partir del metamorfismo térmico dinamometamorfismo de rocas calcáreas, como las calizas y las dolomías. En función de la composición de la roca original, pueden desarrollar numerosas variedades con vetas de diferentes colores.

- **Las anfibolitas**: están compuestas por anfíboles y plagioclasas y suelen formarse por metamorfismo térmico de las rocas volcánicas.

3.2.4 Yacimientos minerales asociados al metamorfismo

Los yacimientos metamórficos y los magmáticos suelen estar muy asociados, ya que el magmatismo altera las rocas circundantes mediante el aumento de la temperatura y la migración de fluidos. Estas alteraciones producen en las rocas encajantes reacciones de metamorfismo de contacto, que en muchas ocasiones, generan depósitos minerales. Algunas rocas como las calizas son especialmente sensibles a las reacciones con los fluidos magmáticos. Así se pueden originar yacimientos de granates o corindón o minerales metálicos (galena, calcopirita y magnetita ...).
Por otra parte, en las regiones afectadas por el metamorfismo regional se pueden originar depósitos de gran extensión, en los que son especialmente frecuentes ciertos minerales, como el talco o el grafito.

3.3 DEFORMACIÓN DE LOS MATERIALES (ROCAS)

Las interacciones entre las placas litosféricas son responsables de la generación de procesos de origen interno, como las deformaciones de la litosfera que originan relieves, la actividad sísmica o el vulcanismo.

Los movimientos de las placas hacen que las formaciones rocosas de la litosfera experimenten dos tipos de esfuerzos: los de **compresión**, que las empujan en sentidos opuestos y las arrugan, las acortan y las engrosan; y los de **distensión**, que tiran de ellas en sentidos opuestos y hacen que se alarguen y adelgacen.

Las rocas cuando son sometidas a alguno de estos dos tipos de esfuerzos, pueden reaccionar de tres maneras:

- **Deformación elástica**: una vez que desaparece el esfuerzo que origina la deformación, la roca retorna a su posición y forma iniciales. Este tipo de deformación no origina relieves permanentes, pero es una importante causa de **terremotos**.
- **Deformación plástica**: tras sufrir el esfuerzo, la roca queda deformada y no vuelve a su estado inicial. Las deformaciones de este tipo originan los **pliegues**.
- **Rotura:** el esfuerzo produce la aparición de una fractura en la roca, que la separa en fragmentos. La rotura de una formación rocosa origina las **fallas** y **diaclasas** y suele ir asociada con actividad sísmica.

La deformación depende de varios factores como la intensidad de esfuerzo, la naturaleza de las roca, la presión a la que está sometida, la temperatura y el tiempo.

3.3.1 Deformación de los materiales plásticos: pliegues

Son el resultado de una compresión que produce una deformación plástica, la cual origina una serie de ondulaciones. Afectan principalmente a rocas sedimentarias y metamórficas, raramente en las magmáticas.

Elementos de un pliegue

En un pliegue se pueden distinguir una serie de elementos geométricos que sirven para caracterizarlo.

- **Charnela**: zona de máxima curvatura de un pliegue.
- **Plano o superficie axial**: superficie o plano imaginario que pasa por las líneas de charnela. Su intersección con la superficie topográfica se denomina **eje o traza axial**.

- **Flancos**: zonas del pliegue situadas entre dos charnelas consecutivas, son los lados de los pliegues. Su inclinación respecto a la horizontal indica el **buzamiento** de un pliegue.
- **Cresta**: zona que contiene los puntos más altos o más bajos de un pliegue.

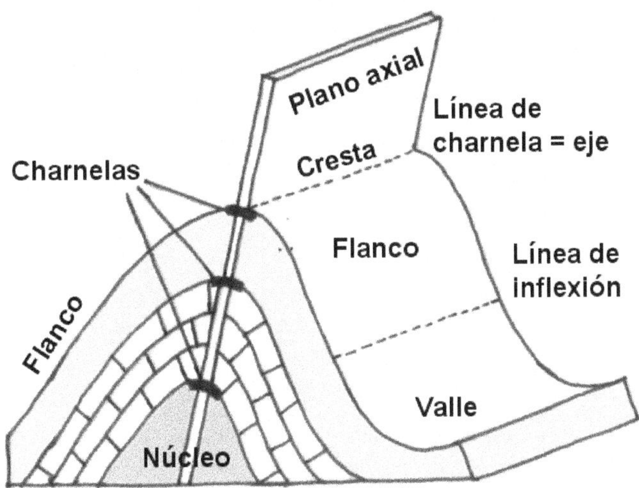

Ilustración 31.Elementos de un pliegue.

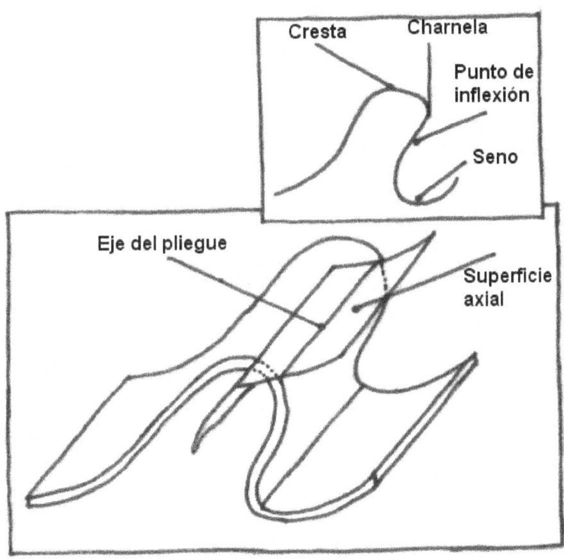

Ilustración 32. Elementos de un pliegue.

Otras características que permiten definir los pliegues son:

- **Inmersión o cabeceo**: es el ángulo que forma el eje del pliegue con la horizontal. Inclinación o buzamiento del eje axial.
- **Vergencia**: ángulo que forma el plano axial con la vertical.
- **Asimetría**: cuando en el pliegue alguno de los flancos es mayor que el otro.

Existen múltiples criterios para clasificar los pliegues:

- Según su **forma**: se denominan **antiformes** cuando los flancos convergen hacia arriba y **sinformes** si convergen hacia abajo.

- Según la **antigüedad** de los **materiales** que afloran **en el núcleo**: **anticlinal** si los estratos más antiguos se disponen en el núcleo del pliegue y **sinclinal** si los estratos más modernos se disponen en el núcleo.

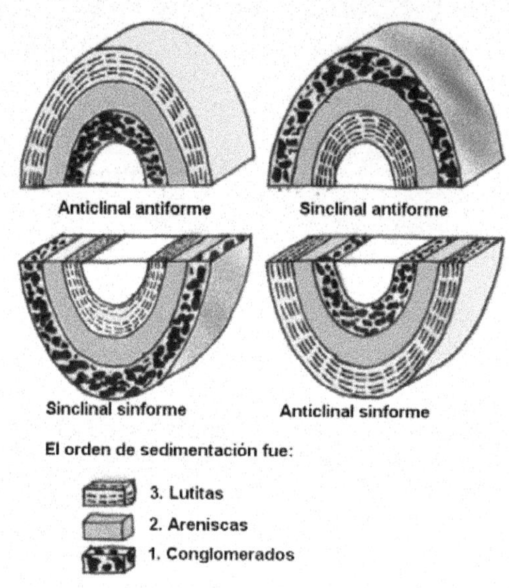

Ilustración 33. Posiciones de anticlinales y sinclinales.

- Según el **grado de compresión de los flancos**: **isopacos** si los estratos conservan su espesor en todo el pliegue y **anisopaco** si tienen un adelgazamiento en los flancos.

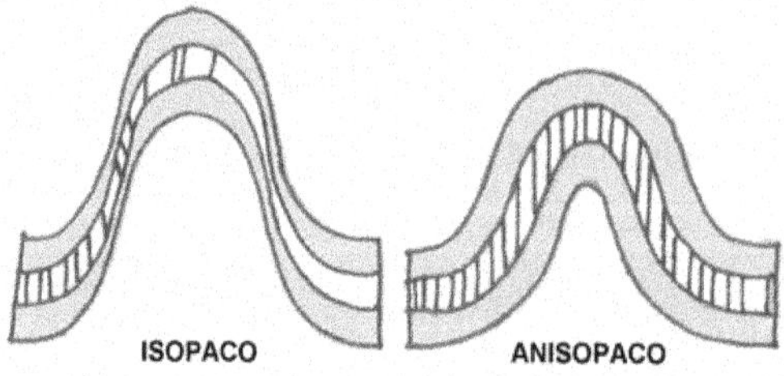

Ilustración 34. Tipos de pliegues según el grado de compresión.

- Según la **vergencia**: recto, inclinado, tumbado y recumbente.

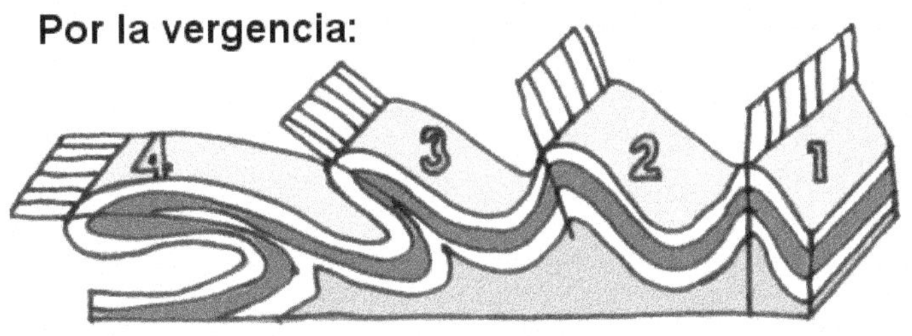

Ilustración 35. Según el grado de vergencia o inclinación del plano axial con la vertical.

Asociaciones de pliegues

Cuando un conjunto plegado adopta la forma de un gran anticlinal (o antiforme), recibe el nombre de **anticlinorio**, y si la forma es de sinclinal, el de **sinclinorio**.

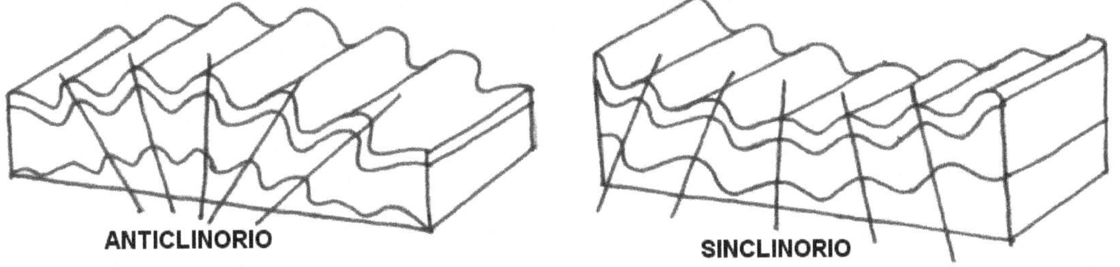

Ilustración 36. Asociaciones de pliegues.

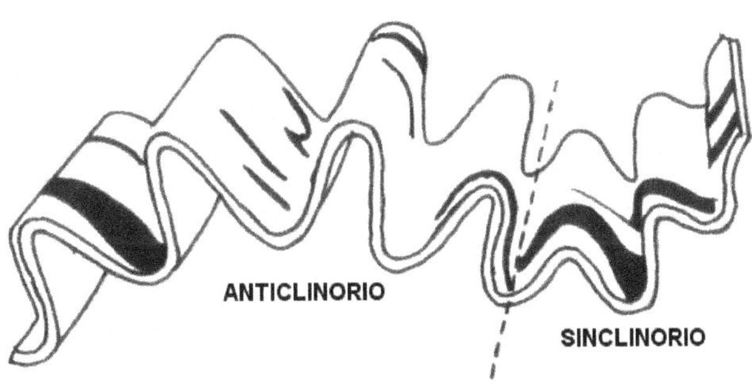

Ilustración 37. Asociaciones de pliegues.

Otras deformaciones plásticas: los diapiros

Hay pliegues tan cortos en su contorno que en lugar de ser alargado es circular. Si son antiformes, se llaman domos, y si son sinformes, cubetas.

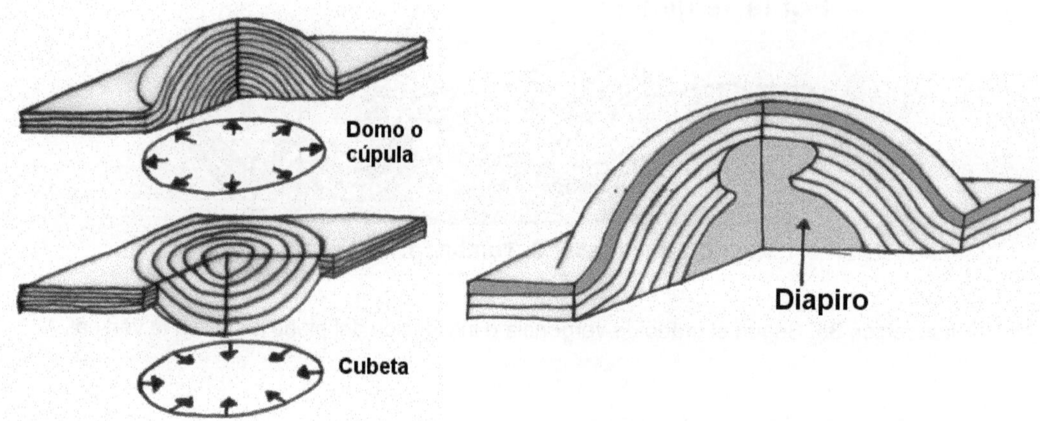

Ilustración 38. Domo y cubeta.

Ilustración 39. Diapiro perforante en un domo salino.

Entre los domos son muy frecuentes los de origen diapiricos. Los diapiros se originan por el ascenso del masas muy plásticas que, al ser comprimidas por las capas superiores, presionan contra ellas plegándolas y perforándolas. Esto puede ocurrir con arcillas y yesos, pero las estructuras diapíricas más características son los domos salinos.

3.3.2 Deformación de los materiales rígidos: fallas y diaclasas

Fallas

Cuando el esfuerzo al que son sometidas las rocas es lo suficiente como para romperlas y desplazar los fragmentos rotos, se origina una falla.

La rotura crea dos bloques, que están desplazados uno con respecto al otro a nivel del plano de ruptura.

Principales elementos de una falla

Si tratamos las fallas como superficies, se caracterizan por una serie de elementos:

- **Plano de falla**: superficie de desplazamiento de los dos bloques, es una superficie que presenta una inclinación respecto a la vertical denominada **buzamiento**.

- **Salto de falla**: desplazamiento entre los dos bloques; puede medirse según la dirección vertical o sobre el plano de falla.

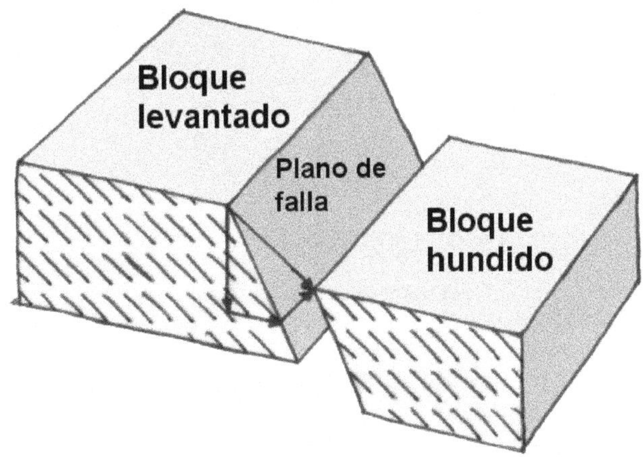

Ilustración 40. Elementos de una falla.

Clasificación de las fallas

Las fallas se pueden clasificar en función del plano de falla y del movimiento relativo de los bloques en:

- **Falla normal**: cuando el plano de falla buza o se inclina hacia el bloque hundido. Se producen por actuación de un esfuerzo de distensión perpendicular a la falla.
- **Falla inversa**: cuando el plano de falla buza o se inclina hacia el bloque levantado. Se produce en condiciones de compresión y suponen un acortamiento horizontal perpendicular a ella.
- **Falla de desgarre**: cuando el desplazamiento de los bloques no se realiza en la vertical y no existe ni bloque levantado ni bloque hundido: los bloques se desplazan en la horizontal.
-

Finalmente, se denominan sistemas de fallas a conjuntos que se pueden relacionar por haberse generado simultáneamente en relación con un campo de esfuerzos determinado. Hay dos tipos fundamentales:

- **Horst o pilar tectónico:** hace referencia a un bloque central elevado. Ejemplos a escala nacional, tenemos la sierra de Guadarrama y en los Montes de Toledo.
- **Graben o fosa tectónica**: sistemas de fallas que dejan una depresión en medio. Ocurre, por ejemplo, en los valle del Ebro.

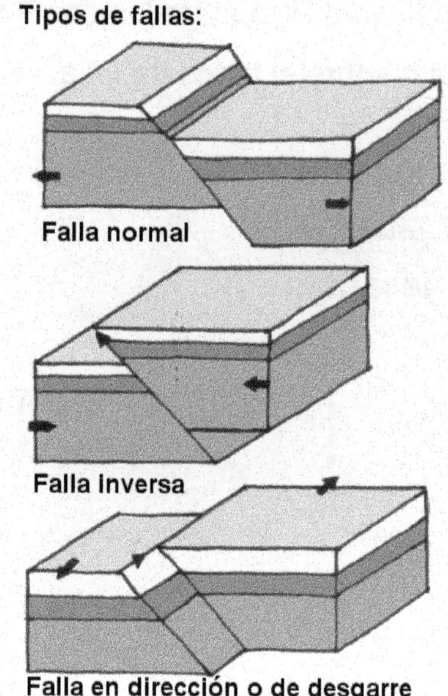

Ilustración 41. Tipos de fallas. Las flechas indican el desplazamiento relativo de Los bloques.

-

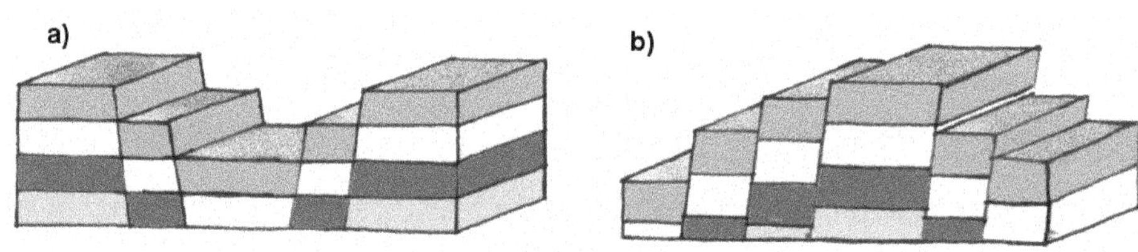

Ilustración 42. a) Fosa tectónica. b) Macizo tectónico.

Diaclasas

También son fracturas, pero difieren de las fallas porque el desplazamiento relativo de los bloques resultantes es nulo o muy pequeño.

El **origen** de las diaclasas es muy diverso:

- **Tectónico**: aparecen asociadas a pliegues y fallas.
- **Atectónico**: unas diaclasas se producen por **descompresión** (una roca formada en profundidad tiene sobre sí otras rocas que ejercen presión sobre ella, si se erosionan la presión disminuye y la roca se agrieta), otras se originan por **esfuerzos tectónicos** (las que forman en las zonas de charnela de los pliegues), también las grietas que aparecen por **contracción durante el enfriamiento** de las rocas (conocidas las que se producen formas columnares y poligonales en coladas las volcánicas).

3.4 OROGÉNESIS

La elevación de las grandes formaciones montañosas es un proceso que se denomina orogénesis. Consiste en un engrosamiento que experimenta la litosfera cuando es sometida a los esfuerzos compresivos asociados a la convergencia de placas.

3.4.1 Formación y tipos

En las zonas de compresión por convergencia de placas, los sedimentos marinos se pliegan y elevan por efecto de las presiones laterales hasta emerger y dar lugar a cordilleras. Existen tres tipos de orógenos debidos a compresión:

- **Orógenos tipo arco-isla:** se forman por el choque entre dos placas oceánicas o entre una oceánica y una mixta (continental con parte de litosfera oceánica). La placa que subduce debido a la alteración está hidratada lo que disminuye el punto de fusión de las rocas. Esto hace que se formen cadenas de volcanes y expulsen magmas. Son ejemplos de este tipo las islas de Japón o las Antillas.

- **Orógenos tipo andino o pericontinental**: se forman al subducir una placa oceánica bajo una continental y la deforma, generando en ella una cadena montañosa paralela al borde convergente. Los sedimentos depositados en la fosa oceánica sufren una fuerte presión y se deforman y pliegan originando una cadena montañosa con actividad volcánica. Un ejemplo de este tipo es la cordillera de los Andes.

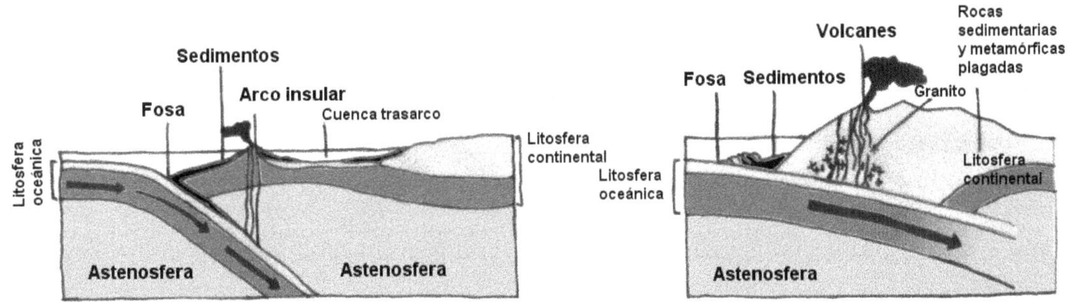

Ilustración 43. Arco insular volcánico (izquierda) y orógeno de borde activo (derecha).

- **Orógenos de colisión**: se producen por el choque de dos placas continentales, debido a la subducción de toda la litosfera oceánica del borde activo de una de las placas bajo el continente de la otra. El choque de las dos placas causa rotura y levantamiento de los últimos restos de corteza oceánica, proceso conocido como **obducción**. Estos restos se llaman **ofiolitas**. Los sedimentos de la antigua cuenca son expulsados por la compresión hacia las partes altas. Ejemplos las cordilleras del Himalaya y los Pirineos.

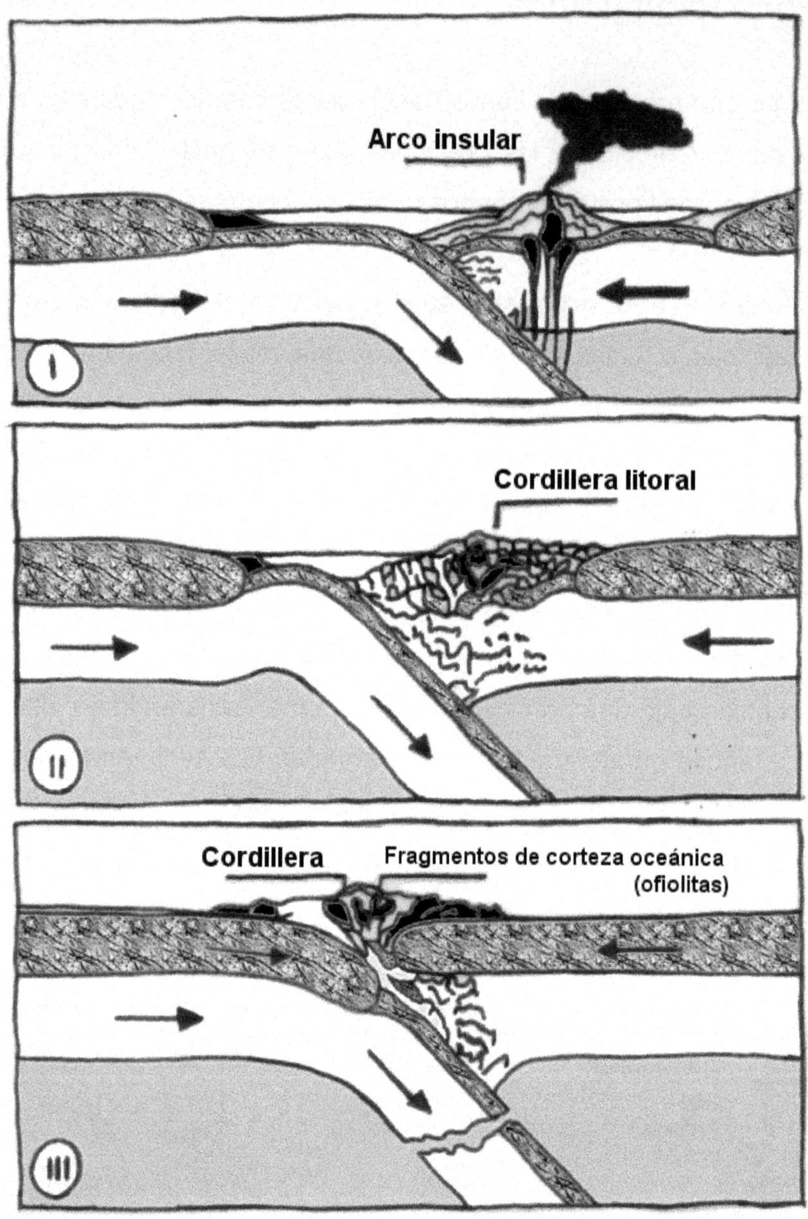

Ilustración 44. Formación de una cordillera por obducción de dos placas continentales.

3.5 CICLO DE WILSON (RELACIONADO CON LA OROGÉNESIS)

Los continentes, desde hace 200 millones de años, se fragmentan y se separan, pero también se aproximan y chocan entre sí. Hay pues unos movimientos cíclicos debidos a la evolución de la litosfera oceánica.

El ciclo de Wilson es un modelo que intenta explicar, de forma encadenada en el espacio y en el tiempo, la fractura de la capa cortical por la aparición de un rift continental, cuya evolución da lugar a la creación y destrucción de la corteza oceánica, es decir a la aparición y desaparición de los océanos, así como a la formación de cordilleras.

Los procesos básicos del ciclo son:

1. Aparición de un rift continental en una zona de distensión.
2. Separación de los bloques continentales y formación, entre ellos de un dorsal oceánica.
3. Expansión del nuevo océano, con separación de los continentes que lo limitan.
4. Subducción bajo uno de los continentes, con formación de una fosa oceánica.
5. El crecimiento de la litosfera oceánica se hace más lento que la subducción y los continentes se aproximan. Se forman arcos de islas y cordilleras litorales.
6. Obducción entre las dos placas, con desaparición de la litosfera oceánica, colisión de los continentes y formación de una cordillera entre ambos.

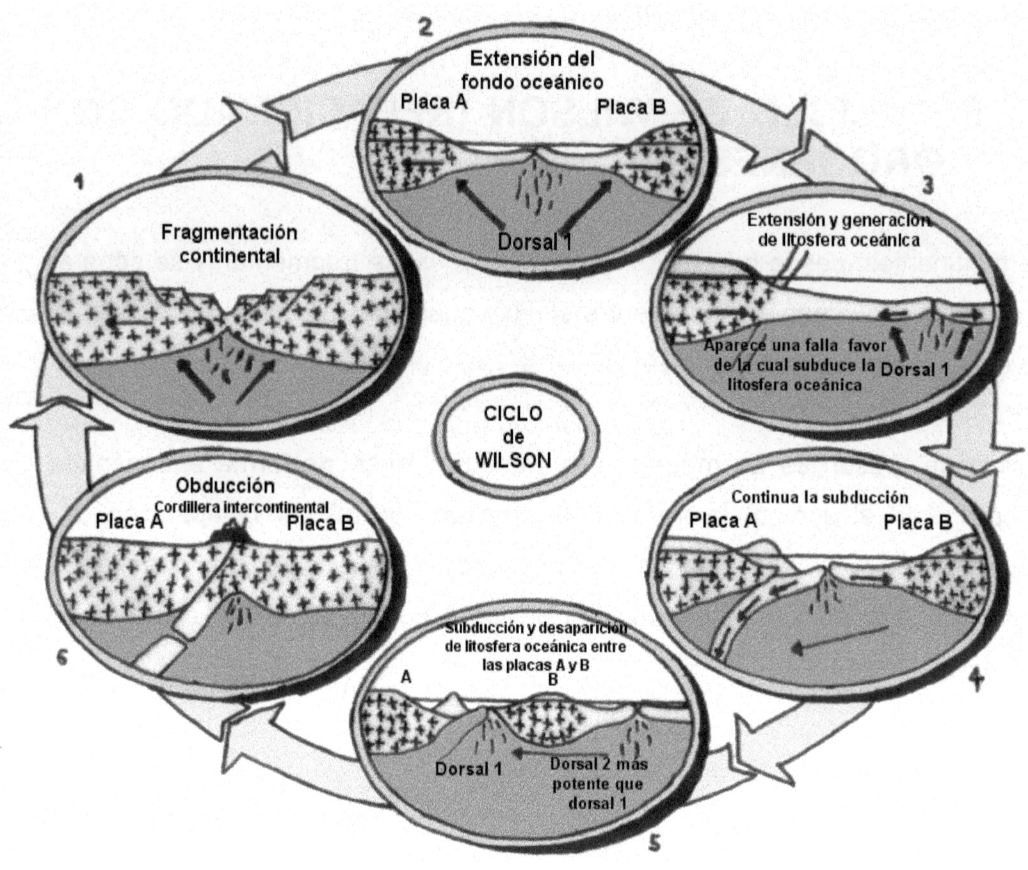

Ilustración 45. CICLO DE WILSON.

Cada una de las etapas del ciclo de Wilson encuentra un posible referente en la actualidad, lo que facilita su interpretación y las potencialidades de evolución de cada situación real:

1. La primera fase de fragmentación continental que inicia convencionalmente el ciclo sería el caso del gran Valle de Rift africano.
2. El caso del Mar Rojo representa el estado algo más avanzado (y relacionado con la fractura africana) en el que el valle contacta con el mar y se rellena de agua.
3. El Atlántico actual constituye el ejemplo contemporáneo de la fase de expansión oceánica.
4. Las diversas zonas del Pacífico, tanto las cercanas al continente americano como las ubicadas frente a las costas asiáticas, representan situaciones de fractura de la corteza oceánica con la aparición de subducción, que incluyen tanto los casos de formación de arcos de islas volcánicas (Japón o Filipinas) como los de elevación de grandes cordilleras en el área continental cercana (los Andes en América del Sur).

5. Finalmente, un caso de colisión continental está bien representado en el Himalaya, el mayor orógeno surgido entre la convergencia de la placa que acoge la actual China y la placa del subcontinente Indio.

3.6 ANEXO. LOS MATERIALES TERRESTRES: LOS MINERALES Y LAS ROCAS

La geosfera es una capa sólida de naturaleza rocosa, cuya materia se encuentra ordenada en grados de complejidad creciente. Así, está compuesta por átomos que forman enlaces y se ordenan en el espacio para constituir las estructuras cristalinas de los minerales; estos, a su vez, se combinan de diversas maneras en función de las condiciones fisicoquímicas de diversos ambientes petrogenéticos, dando lugar a los diferentes tipos de rocas.

3.6.1 Los minerales

Concepto de mineral: es una sustancia sólida, relativamente homogénea, inorgánica, que se ha originado a causa de un proceso natural, que es estable en un intervalo más o menos amplio de presiones y temperaturas, que tiene una composición química bastante definida y que presenta una estructura interna ordenada (denominada estructura cristalina).

Mecanismos de formación de los minerales:

A partir de la consolidación de un magma. Se forman los minerales ígneos.

- Por precipitación química a partir de disoluciones.
- Por sublimación.
- Mediante transformaciones en estado sólido. Las que ocurren en el ambiente metamórfico.

La estructura interna de un mineral: la estructura cristalina.

La estructura interna de un mineral está ordenada, es decir, los átomos se disponen en una configuración interna simétrica. Esto quiere decir que consta de dos o más partes idénticas, que se relacionan entre sí mediante relaciones geométricas:

- Centro de simetría: es un punto imaginario que divide en dos partes iguales a todos los segmentos que unen puntos equivalentes.
- Eje de simetría: es una línea imaginaria que atraviesa el cristales posición tal que, al girar este a su alrededor, se repite un número de veces el mismo motivo.

- Plano de simetría: es un plano imaginario que divide al cristal en dos mitades, cada una de las cuales es imagen especular de la otra.
- Celda unidad: estructura básica que puede representarse en forma de una malla o red que resulta de la ordenación simétrica de los átomos de un mineral. Está definida por tres vectores (a, b, c) lo más pequeños posibles y los tres ángulos que forman los vectores (α, β, γ) lo más próximos posible a 90º.
- Red cristalina: es la repetición tridimensional de la celda unidad, siguiendo una o varias de las relaciones geométricas de simetría citadas.
- Sistemas cristalinos: para estudiar las redes cristalinas se intenta agruparlas teniendo en cuenta la celda unidad y las relaciones de simetría. Los elementos cristalinos pueden agruparse en 32 formas diferentes, que a su vez se agrupan en siete sistemas cristalinos: triclínico, monoclínico, trigonal, hexagonal, rómbico, tetragonal y cúbico.

7 SISTEMAS CRISTALINOS Y 14 REDES DE BRAVAIS

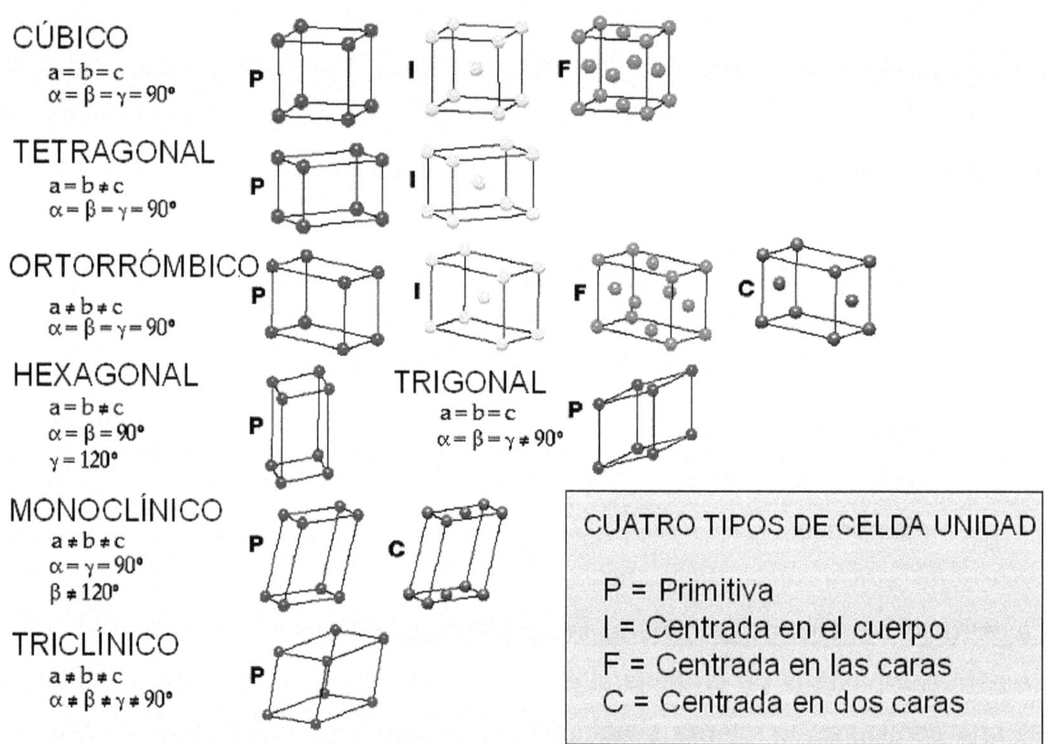

Ilustración 46. SISTEMAS CRISTALINOS.

Propiedades físicas de los minerales: son los fenómenos que experimenta un mineral cuando es sometido a acciones mecánicas, luminosas, caloríficas, eléctricas, magnéticas, etc. Dependen de la composición química y de la estructura de la red cristalina de cada mineral. Algunas de las propiedades que se tienen en cuenta a la hora de identificar minerales son: **el hábito cristalino** (cuando el mineral adquiere una forma externa que refleja exactamente su estructura interna, lo denominamos cristal), **elasticidad, tenacidad, exfoliación, fractura, dureza, color de raya, color en superficie fresca, brillo, birrefringencia, luminiscencia, magnetismo, conductividad eléctrica, peso específico, punto de fusión.**

Clasificación de los minerales: uno de los sistemas más utilizados es el que agrupa los minerales en clases de acuerdo con su composición química: I. Elementos nativos, II. Súlfidos, III. Öxidos e hidróxidos, IV. Halogenuros, V. Carbonatos, nitratos, boratos, VI. Sulfatos, cromatos, molibdatos, wolframatos, VII. Fosfatos, arseniatos, vanadiatos, VIII. Silicatos.

PRINCIPALES GRUPOS DE SILICATOS		
GRUPO	**ESTRUCTURA**	**EJEMPLOS**
Nesosilicatos	Tetraedros aislados, unidos me-diante cationes de elementos metálicos, sobre todo hierro y magnesio.	**Olivino.** Denominado así por su color verde oliva, es frágil, puede ser transparente y es muy abundante en las rocas volcánicas de las islas Canarias, donde se le conoce como olivina. Es uno de los primeros minerales que solidifican al enfriarse un magma, ya que su punto de fusión es de unos 1600 °C.
Sorosilicaros	Parejas de tetraedros que compar-ten un oxígeno.	**Hemimorfita.** Es un silicato de cinc que suele aparecer por meteorización de las menas de este elemento.
Ciclosilicaros	Varios tetraedros unidos en forma de anillo (comparten dos oxígenos).	**Berilo y turmalina.** Ambos forman cristales grandes y muy vistosos, con numerosas variedades. Las más apreciadas son las esmeraldas, que son variedades del berilo.
Inosilicatos	Cadenas de tetraedros que pueden ser: simples (los tetraedros comparten dos oxígenos) o dobles (si com-parten tres oxígenos).	**Los piroxenos.** Están formados por dos cadenas sencillas de tetraedros de silicio que comparten' dos oxígenos y que se unen entre sí mediante cationes. Por ejemplo, la augita, que contiene calcio, hierro y magnesio, es de color verde oscuro o negro, se rompe fácilmente por ciertas líneas de exfoliación y es un componente habitual de las rocas volcánicas. **Los anfíboles.** Tienen cadenas dobles que comparten tres oxígenos. Por ejemplo, la hornblenda, que es de color verde muy oscuro, tiene una exfoliación más marcada que la de la augita y presenta algunos átomos de silicio sustituidos por aluminio. Abunda en las rocas magmáticas.
Filosilicatos	Capas o láminas de tetraedros que comparten tres oxígenos.	**Micas.** Se caracterizan por su gran capacidad para exfoliarse en forma de escamas muy tinas, y un característico brillo nacarado. Abundan en rocas magmáticas y metamórficas.
Tectosilicatos	Tetraedros que comparten todos los átomos de oxígeno, formando arma-zones tridimensionales muy compactas. Algunos átomos	**Feldespatos.** Son los silicatos más abundantes. Son duros y de color blanco, amarillento o rosado. Se diferencian en la proporción de calcio o sodio que contienen. Cuarzo. Solo está formado por tetraedros de sílice y

	de silicio están sustituidos por aluminio. Contienen sodio, potasio o calcio.	carece de cationes. Se origina a muy bajas temperaturas y, por tanto, está más cerca de las condiciones ambientales de la superficie terrestre, lo que le hace ser uno de los minerales más resistentes a la erosión. Presenta muchos colores y formas y es un componente esencial de muchos tipos de rocas.

PRINCIPALES MINERALES NO SILICATADOS	
GRUPOS	**DESCRIPCIÓN**
Elementos nativos	Son elementos químicos que son minerales por sí solos. Son frecuentes el oro, la plata, el azufre o el diamante.
Súlfidos	Son compuestos de metales con azufre o con otros elementos de su grupo. Destacan los sulfuros (como la pirita, FeS_2, y la galena, PbS) y las sulfosales (como el rejalgar, AsS, y el oropimente, As_2S_3).
Óxidos e hidróxidos	Óxidos e hidróxidos. Son combinaciones de metales y oxígeno, como la magnetita, Fe_30_4, el rutilo, $Ti0_2$, o la pirolusita, MnO_2.
Halogenuros	La más conocida de estas combinaciones iónicas de metales y elementos halógenos es la halita o sal gema, NaCl.
Carbonatos, nitratos y boratos	Los más importantes son los primeros, que son combinaciones de metales con el grupo $(CO_3)^{-2}$. El ejemplo más importante es la calcita, $CaCO_3$, que forma las rocas calizas.
Sulfatos, cromatos, molibdatos y wolframatos	Con esta composición destacan el yeso, $CaSO_42H_2O$, y la wolframita, (Fe, Mn)WO_4.
Fosfatos, arseniatos y vanadatos.	Son importantes las oxisales de los ácidos con fósforo, como la turquesa, $CuAl_6(PO_4)_4(OH)_64H_2O$, y el apatito, $Ca_5(PO_4)_3$(F, Cl, OH).

3.6.2 Las rocas

1. **Concepto de roca:** *agregado de partículas minerales que se ha formado como consecuencia de un proceso natural.*

2. **Características de las rocas:**

- ***composición mineral**: algunas rocas constan de un solo mineral (caliza, yeso), por lo general suelen estar formadas por varios (granito, gneis).*

- ***La disposición interna**: está definida por la **textura**, que depende del tamaño, la forma y la distribución de los cristales minerales en la roca, y por la **estructura**, que resulta d las formas de agregación e los granos o cristales que dan lugar a las diferentes apariencias que las rocas presentan a los ojos del observador (bandas, líneas ...).*

- ***El origen geológico**: los procesos que originan las rocas pueden ser de tres tipos: **consolidación de un magma**, **procesos exógenos** (por la actuación de agentes geológicos externos) o **cambios en estado sólido de sus minerales** (metamorfismo).*

3. **<u>El ciclo de las rocas</u>:** *cualquier tipo de roca puede sufrir alteraciones para dar lugar a otro tipo de roca diferente. El resultado es que las rocas de la litosfera se ven sometidas a diferentes ambientes petrogenéticos que las van cambiando. Estas variaciones pueden resumirse en un esquema cíclico que se representa a continuación:*

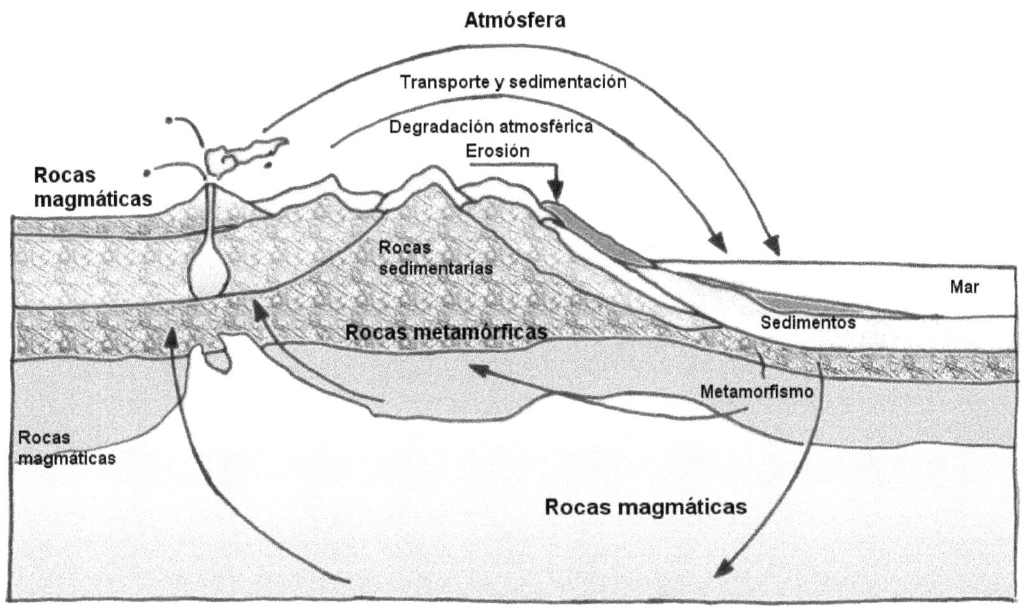

Ilustración 47. Representación del ciclo litológico.

4. **<u>Las rocas y sus ambientes petrogenéticos. Clasificación de las rocas</u>:** *cada proceso de formación de las rocas tiene lugar en un ambiente petrogenético, los principales son: el* ***magmático****, el* ***metamórfico*** *y el* ***sedimentario****.*

4 ROCAS SEDIMENTARIAS E HISTORIA DE LA TIERRA

Las rocas sedimentarias son uno de los tipos de materiales que encontramos en la corteza terrestre y son quizás, por los lugares donde se originan las rocas menos enigmáticas y más fácil de estudiar. Muchas rocas sedimentarias tienen enorme interés humano por su utilización en construcciones y como combustibles, los carbones y sobre todo el petróleo son las fuentes energéticas más utilizadas en la sociedad actual.

4.1 AMBIENTES Y PROCESOS SEDIMENTARIOS

El sedimento es un conjunto de partículas sólidas sobre la superficie terrestre que no ha alcanzado su estabilidad física; cuando el sedimento está consolidado forma una roca sedimentaria; las rocas se disponen unas sobre otras formando capas o estratos por lo que también se las conoce como rocas estratificadas.

4.1.1 Los procesos sedimentarios

Los **procesos sedimentarios** son aquellos procesos físicos, químicos y biológicos que intervienen en la formación del sedimento, en su transporte por la superficie terrestre, durante su sedimentación y en las transformaciones posteriores que sufre hasta convertirse en una roca sedimentaria.

Las rocas sedimentarias, se forman como consecuencia de la acción de procesos exógenos según una secuencia como la que sigue:

- Destrucción de rocas preexistentes por **meteorización** y **erosión**. La *meteorización* es un proceso de degradación y fragmentación de las rocas cuando son atacadas por los agentes físicos, químicos y biológicos. La *erosión* es un proceso más global resultado de la actuación de estos agentes al cabo de millones de años que tiende al aplanamiento de los relieves.
- **Transporte** de los productos de esta alteración y modificación de los mismos para dar origen a los **sedimentos**. Los mecanismos de transporte y

consiguiente sedimentación son por orden de importancia: acuosos, en masa, eólicos y glaciares.

- **Depósito** de los sedimentos en las cuencas de sedimentación (regiones deprimidas de la superficie terrestre acompañada de subsidencia), que son lugares cuyas condiciones fisicoquímicas permiten que se produzcan procesos de **diagénesis** (transformación de sedimentos en rocas). Los procesos que transforman el sedimento en roca sedimentaria son: *compactación* (disminución de volumen y la porosidad), *deshidratación*, *sustitución* (entre minerales con intercambio de cationes), *neoformación* (cristalizan nuevos minerales) y *cementación* (la disolución que atraviesa los poros del sedimento precipita y cementa las partículas).

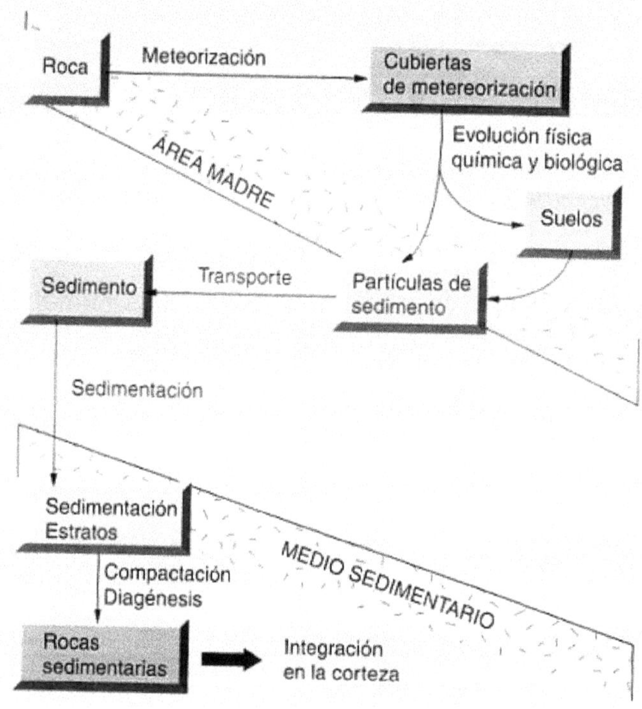

Ilustración 48. Procesos sedimentarios y ciclo de las rocas.

4.1.2 El ambiente sedimentario

En este ambiente se originan las rocas sedimentarias, que se forman como consecuencia de la acción de procesos exógenos. Son áreas con características uniformes de depósito. Los medios sedimentarios se clasifican en:

- Continentales.
- Mixtos o de transición.
- Marinos.

Ambientes continentales

Son de los más conocidos por el hombre, sin embargo no son muy abundantes.

- **Ambiente eólico y desértico**: el principal agente de transporte y depósito es el viento, para que pueda actuar la zona debe carecer de cobertera vegetal. El ambiente desértico se localiza en regiones con escasez de precipitaciones, gran variación de temperatura entre el día y la noche. Se da una meteorización sobretodo mecánica. El transporte eólico puede ser de tres formas: *suspensión* (limos), *saltación* (arenas) y por *deslizamiento lateral* (granos gruesos). Los depósitos típicos son las llamadas dunas. Los medios eólicos de mayor extensión son los desiertos, pero también hay depósitos en glaciares, playas y llanuras aluviales.

- **Ambiente fluvial**: acumula gran cantidad de sedimentos acumulados a lo largo de la historia de la Tierra. Un sistema fluvial consta de tres zonas: una de producción de sedimentos o *cuenca de drenaje*, otra intermedia *de transferencia de sedimentos* y una tercera en la que ocurre la *sedimentación* sobre una llanura aluvial o un delta. Los cursos de agua se clasifican en cuatro modelos morfológicos según su sinuosidad y número de canales: rectos, meandriformes, trenzados y anastomosados. Los sedimentos transportados por los ríos son característicos debido al transporte los fragmentos suelen ser redondeados.

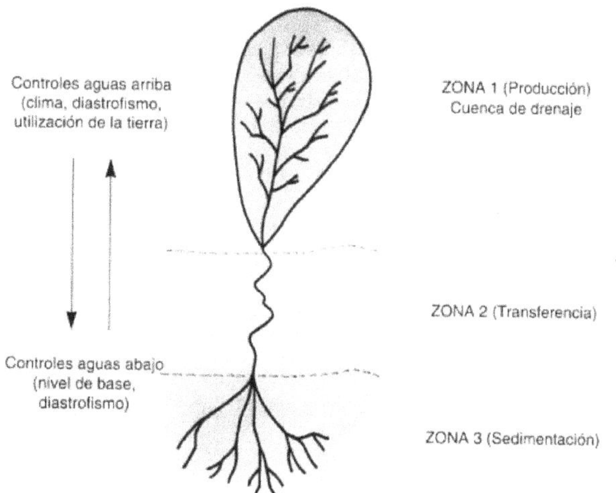

Ilustración 49. Sistema fluvial idealizado.

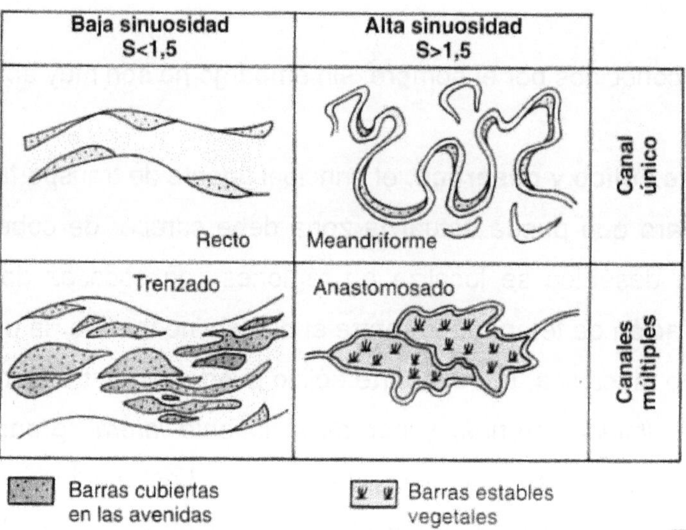

Ilustración 50. Principales tipos de rios.

- **Ambiente lacustre**: los lagos son masas de agua no conectadas con el mar. Sus sedimentos son muy variables según el tipo de lago y sus características físicas, químicas y biológicas. La clasificación de los lagos se basan en diversos criterios: clima, origen, forma ... Desde el punto de vista sedimentario la forma idónea de clasificarlos es por el clima. Así tenemos: lagos tropicales generalmente de agua dulce, de zonas templadas que pueden ser dulces o salados y de zonas polares también de agua dulce. Los sedimentos del lago son de distintos tipos: *detríticos* (que van de gravas a arcillas) y *biodetríticos* como cúmulos de conchas, caparazones y esqueletos de los organismos.

- **Ambiente palustre**: son los pantanos son unas cuencas de agua estancada de poca profundidad de agua que permite la instalación de una vegetación (que podrá originar *turberas* que forman capas de carbón).

- **Ambiente kárstico**: ocurre en las zonas de calizas por la acción del agua subterránea. Los depósitos son de precipitación química del carbonato que forma las *estalactitas* y *estalagmitas* en las grutas, que puede cementarse formando rocas detríticas o precipitar sobre plantas formando *tobas calcáreas.*

- **Ambiente glaciar**: se da en regiones de temperaturas por debajo de 0º C, por lo que las precipitaciones son de nieve, la acumulación de ésta, da lugar a la formación de grandes masa de hielo que cubre amplias áreas o valles. El hielo al desplazarse lentamente realiza una labor erosiva, de transporte y de depósito. Los sedimentos glaciares se caracterizan por la presencia de partículas de gran variedad de tamaños, los materiales transportados se llaman *morrenas*. Se denominan *till* a los depósitos antiguos sin consolidar de las morrenas y *tillitas* a los consolidados.

Ambientes Mixtos o de transición

Los medios de transición están implantados en la frontera entre los continentes y los marinos, por lo que en estos ambientes participan una mezcla de ambos procesos.

- **Ambiente litoral**: comprende la zona intermedia mar-tierra entre la pleamar y bajamar. La extensión de esta zona puede variar, según se trate de costas acantiladas (costa alta y rocosa que presentan una zona llana bajo esta pared rocosa denominada plataforma de abrasión) o playas (depósitos de arenas y gravas). Las olas son las responsables principales de los procesos geológicos.

- **Albufera**: es una zona de costa parcialmente cerrada por una barra de arena. Si en la albufera desemboca algún río, puede colmatarla de sedimentos arcillosos y termina cerrándose al mar.
  Las marismas son zonas más altas que las llanuras mareales, que se inundan periódicamente.

- **Estuarios**: son desembocaduras amplias de los ríos, en las cuales hay una mezcla de agua dulce y salada.

- **Deltáico**: es una construcción formada por materiales detríticos que han sido transportados y depositados por un río en su desembocadura. En este medio hay una constante lucha entre el río y el mar.

- **Recifal**: son formaciones rocosas formadas por las acumulación de esqueletos de corales, de algas calcáreas, ostreidos ... se da en regiones oceánicas de aguas cálidas, limpias y de profundidades no superiores a 50 metros. Hay tres tipos: los **marginales**, adosados a la costa y de forma casi linear, los **atolones**, de geometría circular encerrando un lagoon protegido en su interior (volcán que emerge, luego se hunde y se instalan corales) y los de **barrera** separados de la costa por una albufera o lagoon y lineales.

Ambientes marinos

Los medios marinos son aquellos en los que predominan los procesos oceánicos; se subdividen atendiendo a dos criterios:

- A los elementos principales del perfil topográfico submarino: plataforma continental, talud continental, borde precontinental y llanura submarina.
- A las divisiones batimétricas de la masa de agua oceánica: nerítica, batial y abisal.

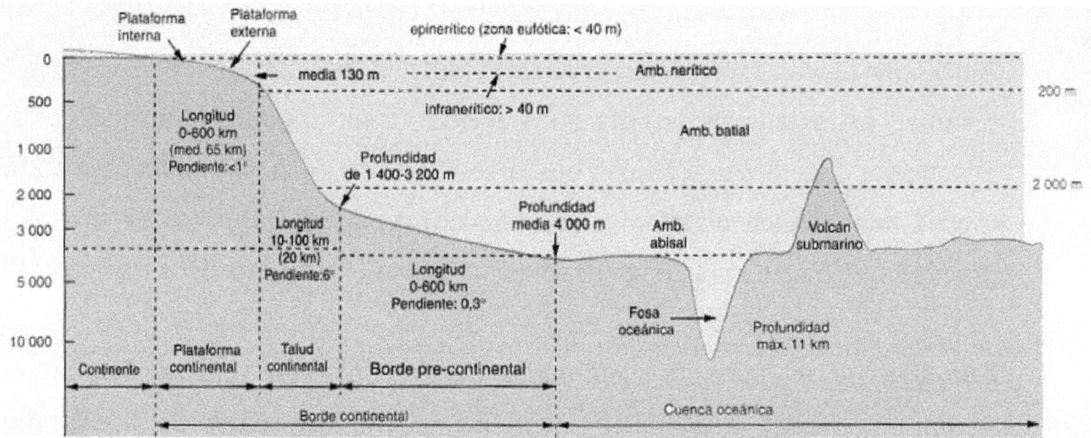

Ilustración 51. Perfil esquemático de la topografía y medios marinos.

- **Nerítico**: se da en las plataformas continentales, que son zonas que abarcan desde la zona mareal hasta el talud continental (hasta unos 200 m de profundidad). En estos lugares se depositan enormes cantidades de sedimentos, que pueden ser:

  - detríticos (plataformas siliclásticas): son esencialmente de arenas y arcilla, los materiales provienen de las desembocaduras fluviales.
  - de origen químico (plataforma carbonatada): formada por acumulaciones de minerales (carbonato cálcico), el mecanismo de precipitación puede ocurrir por mecanismos físico-químicos o por acción de seres vivos.

- **Batial**: se da en los taludes continentales donde la profundidad varía entre los 180 y 1800 m, en este ambiente los depósitos son de arenas finas, fangos, lodos, organismos calcáreos y silíceos, procedentes del plancton. Es un ambiente de quietud, que después de largos períodos de calma, el fondo sufre sacudidas y los sedimentos se remueven originando corrientes de turbidez llevando los sedimentos a zonas más profundas de manera selectiva.

- **Abisal**: comprende zonas desde los 1800 m de profundidad a las mayores fosas submarinas, ocupa todo el fondo oceánico y podemos considerar dentro de él varias regiones:

  - **Fosas oceánicas**: son surcos profundos situados junto al talud continental donde se depositan materiales de tipo turbidítico.
  - **Pie de talud**: se le llama también glacis y es una zona de pequeña inclinación al pie de talud, los depósitos en este ambiente son detríticos.
  - **Llanuras abisales**: zonas casi planas, en ellas surgen relieves como las dorsales y otros de origen volcánico.

  En estos fondos se encuentran tres tipos de depósitos: turbidita, arcillas rojas y sedimentos silíceos. Las arcillas provienen de material volcánico submarino o continental transportado por el viento. Los sedimentos silíceos proceden de la acumulación de esqueletos de radiolarios (aguas cálidas) o diatomeas (aguas frías).

4.1.3 Rocas sedimentarias

Entre las **<u>características</u>** básicas que se analizan en las rocas sedimentarias se encuentran:

- la **composición química y mineralógica** que depende de aspectos como: los minerales que la forman el sedimento, el cemento que los une y los nuevos minerales que se hayan formado por la diagénesis.
- El **color**, se debe a elementos químicos que colorean la roca: óxidos férricos (rojo), materia orgánica (negro), clorita (verde)...
- La **textura** hace referencia a las relaciones entre los componentes de una roca como la forma, medida de los granos, orientación ... existen tres tipos de elementos texturales:
  - **Trama**: conjunto de partículas o granos que forman el armazón de la roca.
  - **Matriz**, la fracción más fina depositada a la vez que la trama y que rellena sus huecos.

- **Cemento**: es el material de precipitación química formada durante el proceso de diagénesis y rellena total o parcialmente los huecos.

- La **estructura**: es el conjunto de propiedades que se pueden observar en los sedimentos y rocas sedimentarias sobre el afloramiento: estratificación, laminación, grietas de desecación, huellas de gotas de lluvia, estrías, estromatolitos ...

Hay distintos tipos de **clasificaciones** de rocas sedimentarias, unas se basan en función de sus propiedades, composición química, texturas ... otras agrupan a las rocas de acuerdo a las características reinantes durante el transporte y depósito de las mismas. También se clasifican mezclando ambos criterios:

- **rocas sedimentarias detríticas**: están constituidas por clastos (fragmentos de rocas preexistentes y granos minerales) que han sido transportados hasta la cuenca sedimentaria y rodeados por una matriz, que puede ser de dos tipos arcillosa (si es de arcilla) y micritica (precipitación de carbonatos). Según el tamaño de los clastos tenemos las siguientes clases:

DIÁMETRO de los COMPONENTES (milímetros)	SEDIMENTOS DETRÍTICOS		ROCAS SEDIMENTARIAS DETRÍTICAS
GRUESOS	GRAVAS	BLOQUES	CONGLOMERADOS
		CANTOS	
2 mm			
MEDIOS	ARENAS	GRUESAS	ARENISCAS
		FINAS	
0,062 mm			
FINOS	LIMOS	GRUESOS	LIMOLITAS
		FINOS	
0,004 mm			
MUY FINOS	ARCILLAS		ARCILLAS (PELITAS)

- **rocas sedimentarias carbonatadas**: están formadas básicamente por caliza y dolomía, producen efervescencia con ácido clorhídrico. Se originan a partir de precipitación química y bioquímica (por la acción de los seres vivos o la acumulación de restos duros, como caparazones o esqueletos con carbonato cálcico). Ejemplos: calizas oolíticas, toba caliza, travertino, dolomías.

- **Rocas sedimentarias silíceas**: la mayoría son detríticas, pero hay otras que se forman por procesos químicos (sílex) o por acumulación de restos orgánicos ricos en sílice (radiolaritas, diatomitas, espongiolitas).

- **Rocas sedimentarias fosfatadas**: están formadas por fosfatos, aparece mezclado con arcillas y calizas. Su origen es orgánico, por restos de esqueletos y excrementos transformados por acción bacteriana. El caso más conocido y más importante económicamente es el del guano, compuesto por excrementos de aves marinas, muy ricos en fósforo.

- **Rocas sedimentarias ferruginosas**: contienen un porcentaje variable de óxidos de hierro. Proceden de la precipitación del hierro disuelto en las aguas.

- **Rocas sedimentarias evaporíticas o salinas**: se producen por la precipitación química al evaporarse en agua en la que estaban disueltas. Ejemplos: halita, yeso.

- **Rocas sedimentarias de origen orgánico:** son rocas de alto contenido de carbono (60%) al que acompañan el hidrógeno, oxígeno. Son blandas ligeras y combustibles. Cuanto más carbono mayor es su poder calorífico. Ejemplos:

    - **Carbones**: provienen de restos vegetales, que se acumulan en el fondo de los pantanos, lagunas y deltas fluviales por acción de procesos anaerobios que realizan bacterias. Según la riqueza en carbono se clasifican en: turba (55.5%), lignito (70%), hulla (80%), antracita (90%).

    - **Petróleo**: es un líquido espeso, oscuro, viscoso que contiene mezclas de distintos hidrocarburos. Proceden de la descomposición por bacterias de organismos sepultados en los fondos oceánicos.

4.1.4 La importancia geológica de la estratificación

Las rocas sedimentarias se depositan en estratos que, en un principio, son horizontales. La estratificación es la disposición de las rocas sedimentarias en capas paralelas o estratos siguiendo la fuerza de la gravedad. Los estratos se forman debido a los cambios que se producen en al medio sedimentario y cada estrato corresponde a un intervalo de tiempo definido de sedimentación o a un cambio en la dinámica del medio.

Los cambios que experimentan los sedimentos (tamaño de grano, composición mineral, color, textura) van a ofrecer información sobre las condiciones de su sedimentación.

La importancia geológica de la estratificación reside en que es en un registro de tiempo geológico en la Tierra que permite reconstruir la historia geológica de la cuenca sedimentaria en la que se formaron los estratos y correcionarla con la historia de otras cuencas situadas en otras regiones. Para ello, la estratigrafía, establece cuatro principios básicos:

- **Principio de la horizontalidad original**: en el momento de su depósito,, los estratos se disponen paralelos al fondo de la cuenca (horizontales o con una ligera inclinación).

- **Principio de la superposición**: en una secuencia de estratos no invertida por deformaciones tectónicas, cada estrato es más antiguo que el que tiene encima y más moderno que el que tiene debajo.

- **Principio de la sucesión faunística**: los fósiles presentes en un estrato son exclusivos de la época en la que se depositó. Esto permite establecer correlación temporal de estratos que contienen fósiles de un mismo organismo, aunque se encuentren distantes y aunque tengan litologías diferentes.

- **Principio de la simultaneidad de los eventos:** los eventos geológicos de alcance global (erupciones volcánicas, cambios climáticos...) quedan registrados en los estratos de diferentes localidades.

4.2 LA ALTERACIÓN DE LAS ROCAS: FORMACIÓN DE SUELOS

La ciencia que estudia el suelo se denomina **edafología**. Esta materia se ha desarrollado a partir del siglo XIX como complemento al estudio de la vegetación, pero hay que recordar que el suelo es una de las interfases de la Tierra menos reconocida y, sin embargo, tal vez una de la más determinante en la biosfera continental.

El suelo es el lugar en el que se producen las reacciones fundamentales para el mantenimiento de la vida.

4.2.1 La meteorización. Procesos que dan lugar a un suelo

La mayor parte de las rocas y de los minerales que afloran a la superficie terrestre son física y químicamente inestables, ya que las condiciones que soportan son muy diferentes de las de sus ambientes de formación. Así al entrar en contacto con la atmósfera, hidrosfera y la biosfera, las rocas sufren una serie de procesos fisico-químicos conocidos como meteorización, que las disgregan y que alteran la composición de sus minerales.

Los productos de la meteorización de las rocas pueden ser movilizados por procesos exógenos de la erosión o acumularse en una zona donde dan lugar a los **suelos**.

En función del tipo de mecanismos que actúan sobre la roca; se distinguen dos tipos de meteorización:

- **La meteorización mecánica o física**: se incluyen mecanismos de fragmentación de la roca como: la descompresión , la acción del hielo, el crecimiento de cristales de sales, la acción de los organismos y los cambios de temperatura.

- **La meteorización química**: se debe a la inestabilidad química de muchos minerales en la superficie terrestre y el agua y los gases de la atmósfera reaccionan con los minerales originales de las rocas y los transforman en otros. Los principales procesos de este tipo de meteorización son:

    - La ***oxidación*** (la combinación de oxígeno con los elementos metálicos de las estructuras cristalinas de los minerales de la roca).
    - La ***carbonatación*** (se debe a la acción del dióxido de carbono disuelto en el agua, el ácido carbónico reacciona con muchos minerales, especialmente con los carbonatos de las calizas transformándols en bicarbonatos).
    - La ***disolución*** (el agua disuelve los productos de alteración y puede transportarlos hasta el océano).

- La ***hidrólisis*** (reacción química entre el agua y algunos minerales que actúa disociándolos).
- La ***hidratación*** (es la introducción de moléculas de agua en las estructuras moleculares de los minerales).

4.2.2 Los suelos: etapas de formación y evolución

En la naturaleza, el suelo se presenta como una capa superficial del terreno, formada por una mezcla más o menos homogénea de componentes inorgánicos (minerales, agua y gases atmosféricos) y orgánicos (seres vivos y sus restos en descomposición).

Los suelos se forman a partir de la disgregación mecánica de las rocas que forman el sustrato, meteorización química de los materiales obtenidos de la disgregación e instalación de seres vivos que se desarrollan en ese sustrato inorgánico.

Los seres vivos producen sustancias que continúan la meteorización y se agregan a los restos de animales y vegetales tras sufrir putrefacción y fermentación. Finalmente se mezclan todos estos productos, inorgánicos, orgánicos y sustancias químicas, entre sí y con el agua y el aire intersticiales.

La textura de un suelo es la distribución en que se presentan los distintos tamaños de las partículas sólidas que lo forman. Se distingue materiales finos (arcillas y limos), materiales medianos (arenas) y materiales gruesos (fragmentos de la roca madre).

La textura es importante ya que determina las propiedades del suelo en cuanto a permeabilidad y retención del agua (los suelos arcillosos retienen agua pero su permeabilidad es limitada, pero los arenosos retienen poco agua porque su drenaje es rápido).

En la formación de un suelo se siguen las siguientes etapas:

1º) La roca se altera originando un sustrato sobre el que se establece una cobertera vegetal, que producirá restos orgánicos.
2º) Se forma un suelo incipiente con materia mineral diferenciada, que forma el horizonte C.
3º) Se forma un horizonte con humus (horizonte A). Es el más superficial, aquí se encuentran las raíces de las plantas herbáceas.

4º) Se produce migración de materiales por lavado de horizontes superiores, y acumulación en un horizonte B.

5º) Se consolida la acumulación de materiales por transferencia; migración de los horizontes superiores.

En los suelos evolucionados se distinguen estos tres horizontes fundamentales (A, B y C).

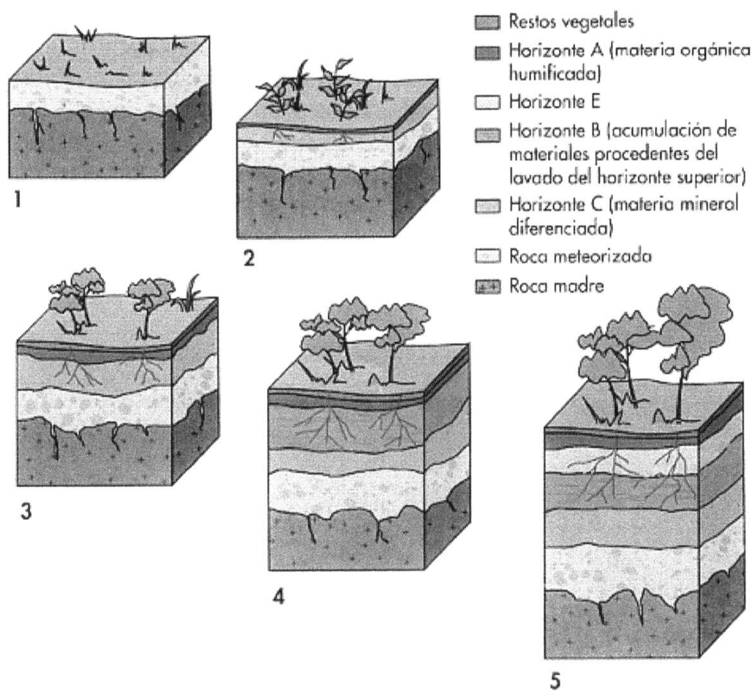

Ilustración 52. Etapas del proceso de formación y evolución de un suelo.

4.3 EL TIEMPO EN GEOLOGIA

Los fenómenos geológicos son generalmente tan lentos que nuestra escala de tiempo resulta demasiado pequeña para medirlos. La mayor parte de ellos son imperceptibles a lo largo de toda la vida de una persona. Por eso se utiliza la unidad de medida denominada **cron**, que equivale a un millón de años.

4.3.1 Desarrollo histórico de las ideas sobre la edad de la Tierra

Los primeros intentos para determinar la edad de la Tierra tuvieron como base la Biblia, y mediante ellos, en el siglo XVII, se estimó en algo menos de 6.000 años. En el siglo XVIII el naturalista Buffon, calculando el tiempo de enfriamiento de la Tierra desde un estado como el del Sol (del cual creía que procede) hasta el actual, le atribuyó una edad de 75.000 años.

En el siglo XIX el físico inglés Lord Kelvin mejoró los cálculos de la velocidad de enfriamiento de la Tierra, con los que fijó su antigüedad en unos 100 millones de años. Parecidos resultados obtuvieron sus compatriotas y contemporáneos Phillips y Halley, el primero mediante la velocidad de sedimentación, aplicaba al conjunto de los sedimentos de la Tierra, y el segundo mediante la velocidad de salinización de los océanos, a partir de uno inicial de agua dulce.

En el siglo XX, el descubrimiento de la radiactividad abrió, nuevas puertas a la geocronología. Mediante métodos radiactivos, ya en el primer tercio del siglo, el geólogo inglés Sir Arthur Holmes llegó a admitir hasta 3.000 millones de años como antigüedad de la Tierra. En la actualidad, mediante la aplicación de estos métodos con técnicas de gran precisión y sobre numerosas rocas antiguas de todo el mundo, se ha podido fijar la edad de la Tierra entre los 4.500 y los 4.600 millones de años.

4.3.2 Los métodos de datación y los principios que los sustentan.

Para establecer el orden en que tuvieron lugar los acontecimientos geológicos se emplean distintos métodos:

- La **datación relativa**, que permitirá determinar si un proceso sucesión antes o después de otro.
- La **datación absoluta**, que debe precisar la antigüedad (edad) y duración del proceso.

La datación relativa

Para ordenar los procesos geológicos se puede seguir los siguientes criterios:

a) **Principio de superposición de estratos de Esteno.**
Dice que cuando se forman y depositan los sedimentos, los que están más abajo son los más antiguos que los superiores.

Este principio es válido siempre que, por causas tectónicas, los estratos no aparezcan invertidos, en cuyo caso se deben utilizar diversos criterios.

A este principio hay que añadirle otro que lo complementa, el llamado **principio de la horizontalidad**. Según dicho principio, los sedimentos que posteriormente darán lugar a las rocas sedimentarias se depositan en capas horizontales.

b) **Secuencia de acontecimientos**.

Cuando una modificación afecta a una serie de capas pero no a otras, el fenómeno ha ocurrido entre ambas, es decir; es posterior a la primer y anterior a la segunda.

c) **Criterios tectónicos.**

Si entre dos series se ha producido una orogenia, la inferior habrá quedado afectada, con sus capas removidas, mientras la superior conservará su posición original.

d) **Sucesión de fósiles**.

Este método parte de la idea de que cada formación geológica contiene una asociación de fósiles (restos petrificados de seres vivos o de su actividad) que la definen, de manera que las formaciones geológicas que se suceden en el tiempo tienen diferentes fósiles.

Los fósiles tienen que cumplir dos características: tener una dispersión geográfica muy amplia y evolucionar muy rápida. Los fósiles que tienen estas características se denominan **fósiles guía**.

La datación absoluta

Algunos fenómenos rítmicos de periodicidad anual permiten calcular la duración de sus correspondientes formaciones, como el caso de las varvas glaciares o de los anillos de crecimiento, pero estos métodos tienen una aplicación y utilidad bastante limitada (para ámbito local y para tiempos muy limitados). Los únicos métodos fiables y válidos para todos los casos son los radiactivos.

a) **Varvas glaciares**.

Son sedimentos delgados, alternativamente claros y oscuros, que se forman en los lagos alimentados por la fusión de un glaciar; en invierno ésta diminuye y sólo hay aportes de sedimentos finos, arcillosos, oscuros; en verano el mayor caudal de agua moviliza partículas más gruesas, de limos o arenas, de color blanco. Contando los pares de capas claras y oscuras, se puede saber el número de años que ha tardado en formarse el depósito en cuestión.

b) **Anillos de crecimiento**.

Los árboles al crecer en espesor forman un nuevo anillo leñoso cada año, que se distingue del anterior por el tono más claro de su capa más interna, de primavera, en la que el crecimiento es más rápido, mientras que en verano el menor crecimiento da lugar a un tejido más oscuro y delgado. En un corte transversal de un tronco fósil se pueden contar las alternancias de bandas anchas y estrechas para saber los años que vivió.

Las dataciones se hacen en árboles que viven muchos años; por ejemplo, en trozos de madera de secuoyas, robles ... se han conseguido dataciones de 7.000 a 8.000 años.

También los corales pueden presentar anillos de crecimiento anual e incluso líneas de crecimiento diario.

c) **Método de las inversiones magnéticas**.

La datación de las inversiones magnéticas que se producen en las dorsales de la corteza oceánica. En 76 milloned de años han habido 171 inversiones.

El principal inconveniente es que sólo permite datar los últimos 170 millones de años, debido a los movimientos constantes de las placas tectónicas y a la constante renovación de los fondos oceánicos en las dorsales, apenas existe corteza oceánica más antigua de esa edad.

d) **Métodos radiactivos**.

Se basan en que muchos de los átomos que componen las rocas son isótopos radiactivos (átomos inestables de un elemento cuyos núcleos se descomponen espontáneamente emitiendo partículas y radiaciones electromagnéticas); ese proceso, denominado desintegración, transforma esos átomos inestables en otros estables. De esta manera, los átomos inestables van desapareciendo de la roca a medida que pasa el tiempo.

Dado que la vida media (el tiempo que necesita un conjunto de átomos para reducirse a la mitad) es un valor constante y característico de cada elemento, si se mide la cantidad de elementos de átomos inestables que hay en una roca y la cantidad de átomos estables que se han formado a partir de ellos, se puede calcular el tiempo transcurrido desde que se formó la roca.

Elemento original	Elemento estable	Vida media en años ($T_{1/2}$)
Rubidio-87	Estroncio-87	47.000.000
Uranio-238	Plomo-206	4.510.000
Uranio-235	Plomo-207	713.000.000
Carbono-14	Nitrógeno-14	5.700
Potasio-40	Argón-40	1300.000.000
Argón-39	Potasio-39	269

Para datar rocas y fósiles (cuya antigüedad alcanza millones de años) se miden isótopos de vida media muy larga (U^{235}, Rb^{87}, K^{40}). Para datar restos de seres vivos de menos de 30.000 años de antigüedad, se usa el C^{14}.

EL C^{14}

El C^{14} es un isótopo radiactivo del carbono producido por colisión de partículas de altas energías procedentes del Sol colisionan con los átomos de la alta atmósfera. Este carbono se incorpora, junto con los otros carbonos no radiactivos (como el C^{12}), a los vegetales, que lo necesita para realizar la fotosíntesis y producir materia orgánica. Posteriormente, de los vegetales pasa a los animales.

Mientras los organismos están vivos consumen los dos tipos de carbonos y la proporción entre ambos se mantiene constante. Una vez que mueren comienza la desintegración del C^{14}, que vuelve a convertirse en nitrógeno. Por tanto medida que pasa el tiempo el C^{12} / C^{14} aumenta. Midiendo esta proporción se puede saber cuando ocurrió la muerte del animal o vegetal. Este método es válido siempre y cuando la tasa de producción en la atmósfera de C^{14} cuando murió el ser vivo fuese la misma que en la actualidad.

4.4 HISTORIA DE LA TIERRA Y DE LA VIDA

Un objetivo de la Geología es el fijar los acontecimientos que han ido sucediéndose en la historia de la Tierra. Con este objetivo, se han establecido una serie de divisiones que sirven para señalar la antigüedad de los procesos y elaborar la Geología Histórica, que nos permite conocer la sucesión de hechos en el tiempo.

Para ordenar sucesos geológicos se hace en escalas geocronológicas y cronoestratigráficas. Las unidades cronoestratigráficas son volúmenes de roca estratificados y diferenciados por su edad; que corresponden a intervalos de tiempo geológico, las unidades geocronológicas. La equivalencia entre unidades geocronológicas y cronoestratigráficas son:

GEOCRONOLÓGICAS	CRONOESTRATIGRÁFICAS
Eón	Eonotema
Era	Eratema
Período	Sistema
Época	Serie
Edad	Piso
Cron	Cronozona

El eón es la unidad más grande de tiempo geológico. Se divide en diversas eras geológicas. Cada era comprende algunos periodos, divididos en épocas.

Las grandes divisiones de la historia de la Tierra tienen como base la presencia o ausencia de seres vivos y el tipo de restos fósiles que contienen los estratos. Los saltos entre los períodos fueron establecidos tanto por los cambios importantes en el tipo de rocas, como por los cambios en las faunas que vivieron en esos períodos. En ocasiones pueden coincidir ambos.

Las **grandes unidades de la historia geológica (eones)** corresponden a los conceptos de :

- **Precámbrico**
- **Fanerozoico** ("vida abundante"), con abundante registro fósil.

El eón Precámbrico se subdivide en sectores más manejables:

- **Hadeano** (hasta hace 3900 m.a.) se formaron las rocas más antiguas.
- **Arcaico** terminó hace 2.500 m.a. sin registro fósil o muy escaso
- **Proterozoico** ("vida más temprana"), primeras manifestaciones claras de vida. Acaba cuando comienza el Cámbrico.

El eón Fanerozoico se subdivide en eras:

- **Paleozoico** ("vida antigua"), principalmente invertebrados y plantas primitivas.
- **Mesozoico** ("vida media"), con predominio de los reptiles.
- **Cenozoico** ("vida reciente"), con desarrollo de aves y mamíferos

Algunos sucesos geológicos que han sido muy significativos en la evolución del planeta Tierra son:

EÓN	ERA	PERIODO	EDAD	DATOS EN EL REGISRO
PRECÁMBRICO	Azoica	**Hadeano**	4200 3900	Edad de los minerales más antiguos. Últimos grandes cráteres en la Luna y la Tierra.
	Arcaica	**Arcaico**	3760 2600	Se individualiza las tres envolturas de la Tierra. Primeros fósiles, tipo cianobacteria. Estromatolitos.
	Proterozoica	**Proterozoico**	2300 600	Primeras células con núcleo. Primeros metazoos. Formación del primer continente: Pangea I. Comienza su rotura.
FANEROZOICO	**Paleozoico**	**Cámbrico**	570-500	Dispersión de Pangea I. Explosión de la fauna marina. Primeros peces.
		Ordovício	450-430	Glaciación ordovícico-silúrica. Aparición clorofíceas.
		Silúrico	400	Primeras plantas terrestres (Psilofitas y criptógamas vasculares).
		Devónico	390-360	Primeros insectos, anfibios y plantas terrestres (Pteridofitas). Primera gran extinción de especies.
		Carbonífero	350-300	Los reptiles, los vegetales con polen y semillas (Gimnospermas) colonizan los continentes. Formación de la Pangea II.
		Pérmico	260-250	Gran extinción Pérmica. El clima se vuelve cálido. Grandes desiertos.
	Mesozoico	**Triásico**	225-210	Gran expansión de los reptiles. Primeros ammonites. Primeros mamíferos.
		Jurásico	200-150	Comienza la rotura de la Pangea II. Máxima expansión reptiles, con dinosaurios de gran tamaño. Primeras aves y primeros peces teleósteos.
		Cretácico	130-65	Aparecen las angiospermas, plantas con flores y semillas protegidas. El mar cubrió casi la mitad de los continentes. Extinción de dinosaurios y ammonites. Primeros primates.
	Cenozoico o Terciario	**Paleoceno**	60	Expansión de los mamíferos. Expansión de las angiospermas.
		Eoceno	36	Aparición de las aves modernas.
		Oligoceno	24	Primeros primates de aspecto simiesco.
		Mioceno	13-5	Aparición ballenas, simios.
		Plioceno	4-2	Primeros homínidos.
		Cuaternario	2 actualidad	Importantes glaciaciones en el hemisferio norte. Aparición del hombre: Homo habilis, H. Erectus y H. Sapiens. Las floras y faunas ya son similares a las actuales.

4.5 HISTORIA GEOLÓGICA DE ANDALUCÍA

Andalucía posee unas características geológicas muy variadas e interesantes, así como unos notables recursos minerales.

Nuestra comunidad forma parte de la Península Ibérica que, junto a las islas Baleares está situada sobre una pequeña placa litosférica localizada entre las placas euroasiática y africana, la placa ibérica, cuya historia geológica es larga y compleja.

4.5.1 Las unidades geológicas de Andalucía

El territorio andaluz presenta una geología muy variada y compleja, con cuatro unidades destacables: el conjunto hercínico (al norte y noroeste), las cadenas Béticas (al sur y sureste), la depresión del Guadalquivir (entre las dos anteriores) y el conjunto volcánico terciario del cabo de Gata.

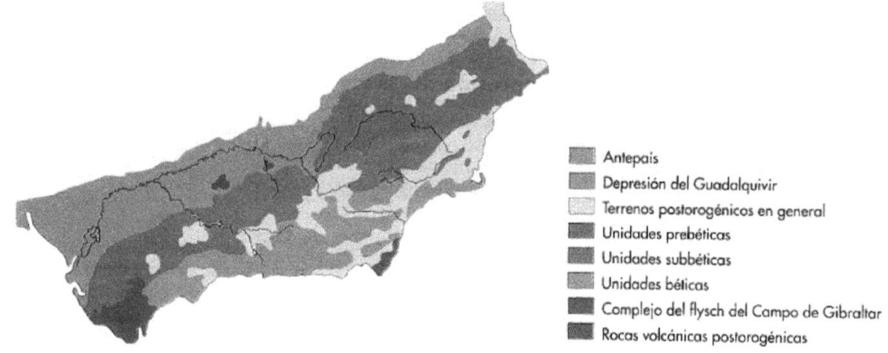

Ilustración 53. Esquema de las principales unidades geológicas de Andalucía.

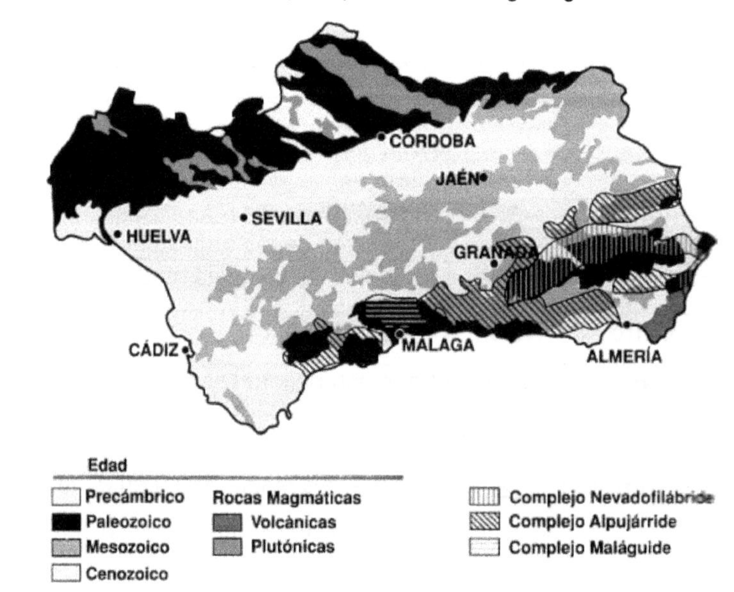

Ilustración 54. Mapa geológico de Andalucía.

El conjunto hercínico

Los únicos restos que afloran en nuestra comunidad del ciclo orogénico hercínico[9] son en Sierra Morena y son granitos, rocas metamórficas diversas, pizarras, calizas, cuarcitas y rocas volcánicas.

Se trata de materiales muy antiguos, cuyas edades están comprendidas entre el Precámbrico y el carbonífero. Por ello se encuentran muy alterados por la erosión y deformados por episodios tectónicos posteriores.

Las Béticas

Se distinguen dos grandes unidades: las zonas externas (materiales mesozoicos) y las zonas internas (materiales más antiguos, paleozoicos).

- Las **zonas externas**. Se tiende a dividir en dos conjuntos:

    - la **zona prebética**: se sitúa entre las proximidades de Jaén y la costa de Alicante. Sus materiales proceden de la erosión del macizo hercínico. Sus rocas más abundantes son calizas del jurásico y areniscas del cretácico. Esta zona fue afectada por una actividad tectónica poco intensa por lo que solo presenta pliegues y fallas.

    - La **zona subbética**: formada por materiales marinos (calizas y margas) con alguna intercalación volcánica. Su estructura se resume como una serie de mantos de corrimiento acompañados de pliegues y fallas.

- Las **zonas internas**. Son conocidas como la Bética, y se extiende por el borde del mediterráneo, entre Estepona y la región murciana. En ella afloran rocas antiguas de la edad palleozoica. Los materiales tienen un origen diferente a los

---

[9] En el Carbonífero, hace unos 300 millones de años, se produjo una **orogénia hercínica**, causada por las colisiones litosféricas que formaron el supercontinente Pangea. La placa ibérica quedó situada en el extremo oriental de Pangea, con una colisión continental en su zona norte (que plegó y causó metamorfismo tanto en los sedimentos paleozoicos como en el basamento) y una subducción en la zona sur (que produjo una intensa actividad ígnea).
Al final del Paleozoico, la gran cadena hercínica atravesaba la placa ibérica desde Galicia, Macizo ibérico hasta llegar a la actual Sierra Morena.

de la zona externa, por lo que no parecen proceder del desmantelamiento de la cordillera hercínica. Se creen que procede de la placa africana o incluso proceder de la antigua corteza oceánica que había entre la placa africana y la ibérica. Se pueden distinguir tres unidades:

- La **nevadofilábride**. Localizada en Sierra Nevada y Los Filabres. Formada por rocas metamórficas de grado medio.

- La **alpujárride**. Al sur de la anterior, desde el noroeste de Estepona, pasando por las Alpujarras hasta la Sierra de Cartagena. Formada por varios mantos en donde las rocas son de dos tipos: las más antiguas son metamórficas del Paleozoico y las más modernas, calizas y dolomías del Triásico. En esta zona se localiza el macizo ultramáfico de la serranía de Ronda, que se supone que es un trozo de corteza oceánica.

- La **maláguide**. Sus afloramientos más importantes se localizan en la parte occidental de la Bética.

La depresión del Guadalquivir

Es una fosa formada sobre materiales del hercínico, con sedimentos marinos del Mioceno, el Plioceno y el Cuaternario.

El vulcanismo del cabo de Gata

Durante el Terciario superior, la zona del cabo de Gata experimentó un período de actividad volcánica cuyo origen parece relacionado con la subducción de la placa ibérica bajo la africana. El resultado las riolitas y andesitas típicas de estos parajes.

www.ingramcontent.com/pod-product-compliance
Ingram Content Group UK Ltd.
Pitfield, Milton Keynes, MK11 3LW, UK
UKHW050614260726
13967UKWH00008B/2866